Ozu
Shiro-Shita
STORY

大洲城誕生の謎から幕末維新の群像、平成の復元まで

大洲城下物語

おおず
しろした
ものがたり

城郭の遠望、殊《こと》に愛《め》でたし

四層四階の平山城《ひらやまじろ》「大洲城」は、明治21年（1888）に天守が取り壊されたが、平成16年9月1日、史実に基づいた木造建築による復元を目指し、約10年の歳月をかけて完成した。これにより、解体を免れ、国の重要文化財に指定されていた台所櫓、高欄櫓《こうらん》、苧綿櫓《おわた》、南隅櫓の四櫓と合わせ、往時の城郭の姿が見えるようになった。

百年の時を超えてよみがえった大洲城

大洲は、かつて大津と呼ばれた。
「津」とは港を意味し、肱川流域の大きな河港であったことに由来する。
鎌倉時代末期、宇都宮豊房《うつのみやとよふさ》が川の畔《ほとり》の地蔵ヶ岳《じぞうがたけ》に城を築き、
以来、二三七年の長きにわたって居城としてきたが、
戦国時代、伊予国は名だたる戦国武将たちの恩賞の地となり、
大洲もまた豊臣家臣の大名たちの領地となった。
領主はいくたびも変わったが、「関ヶ原の合戦」後、乱世はようやく収まり、
藤堂高虎の時代に城下町が形成され始めた。
のちに加藤氏がこの地を治め、その治政は版籍奉還まで続く。
伊予の国を歩き、地誌『愛媛面影』を著した半井梧庵《なからいごあん》は、
「比志川《ひじかわ》の流れを引きて、城郭の遠望、殊《こと》に愛《め》でたし」
と、碧潭《へきたん》に影を映す大洲城の美しさを称えた。
だが、明治の世になって二十年余り、
藩の象徴としての姿を失った天守は解体を余儀なくされた。
廃城令、老朽化、戦災など、城を失った城下町は各地にいくつもあり、
もう一度、昔日《せきじつ》の姿そのままの城を見たいと願う人も少なからずいたが、
大洲の人々の願いは並外れていた。
小藩の名君といわれた藩主や英傑たちへの敬愛、教学の気風に溢れた郷土への愛、
脈々と受け継がれてきたそうした思いは、
一一六年という時を超え、城を復元する原動力になったのである。

目次

加藤泰興により「大洲」と改称されるまで「大津」であったが、混乱を避けるため、史料の引用箇所を除き「大洲」で統一した。

【大洲絵巻】

肱川遡上

開くほどに魅入られる あでやかな大洲の歴史絵巻

かつて、大洲城の主となった武将たちは
瀬戸内海から肱川を遡上し、大洲の町へと入っていった。
南予一帯の水を集めた、圧倒的なまでの大河。川の両岸に迫る
千m級の山々。それらを豊かな森林資源や輸送の道と見たか、
あるいは大自然にひれ伏す思いで武者震いしたか。
霧は出ていただろうか——。

長浜大橋

「赤橋」の通称を持つ長浜大橋は、昭和10年（1935）に完成。現存で稼動する日本最古のバスキュール（跳ね上げ）式道路可動橋で、国の重要文化財に指定されている。秋から冬にかけて吹きすさぶ「肱川あらし」が、橋を飲み込むように唸りを上げて一気に海へと流れ込む様はまさに絶景だ。

少彦《すくなひこ》名《な》神社

古事記や日本書紀に登場する少彦名命の終焉とされる地を崇敬し建てられた。神殿は昭和7年(1932)に落成。2年後に完成した参籠(さんろう)殿は、床の約9割が崖にせり出す懸け造りで、脚部は最長8.3mもある。

如法寺《にょほうじ》

冨士山（とみすやま）の中腹に大洲2代藩主・加藤泰興（やすおき）が盤珪永琢（ばんけいようたく）を開山として建立。仏殿は中央にご本尊の釈迦如来像を安置し、建物の両脇に僧侶が修行するための畳間（単）を備え禅堂の機能を兼ねているのが珍しい。

臥龍《がりゅう》山荘

大洲出身の貿易商・河内寅次郎（こうちとらじろう）が明治30年（1897）頃から10余年を費やし、肱川を望む景勝地に建てた別荘。随所に手の込んだ意匠を取り入れた数寄屋造りの傑作で、母屋の「臥龍院」、茶室の「不老庵（ふろうあん）」、臥龍院に付随する「文庫」の3棟が平成28年に国指定の重要文化財となった。

臥龍院の北に接続する文庫は二階建ての土蔵で石垣の上に建つ。片開きの銅板扉が外観のアクセントとなっている

「不老庵」は臥龍淵を眼下に望む懸け造りで、庵そのものを舟に見立てており、天井に反射した月の光が部屋を照らすなどの趣向も施されている

母屋の「臥龍院」は平屋建て木造茅葺寄棟造り。農家を思わせる素朴な外観ながら、隅々まで計算し尽くされた名建築だ

肱南《こうなん》まち歩き

大洲を知り尽くした案内人とともにまち歩きを楽しむ「おおず歴史華回廊」。肱川の南を巡る「肱南まち歩き」のコースでは鎌倉時代以降、地域経済や文化の中心地となり、城下町としても栄えた当時の面影を追うことができる。

大洲のうかい

日本三大うかいのひとつ。毎年6月1日から9月20日まで開催される大洲の夏の風物詩だ。篝火（かがりび）を焚いた鵜匠船と客船の屋形船が並走する、国内唯一の「合わせうかい」と呼ばれる手法で行われる。

いもたき

藩政時代の「お籠もり」が起源ともいわれる。毎年8月下旬頃から10月中旬まで多くの人々が河原に集い、肱川が運ぶ肥沃な土で育った里芋を持ち寄って、鶏肉やしいたけ、こんにゃくなどと一緒に炊いた鍋を囲む。

大洲の町に残る城風景

大洲の町に息づく城の面影
いつの世も城は、人々とともに

江戸時代中～後期の大洲城とその城下町の絵図。武家屋敷の配置がよくわかる

大洲城下武家屋敷図
（個人蔵／大洲市立博物館保管）

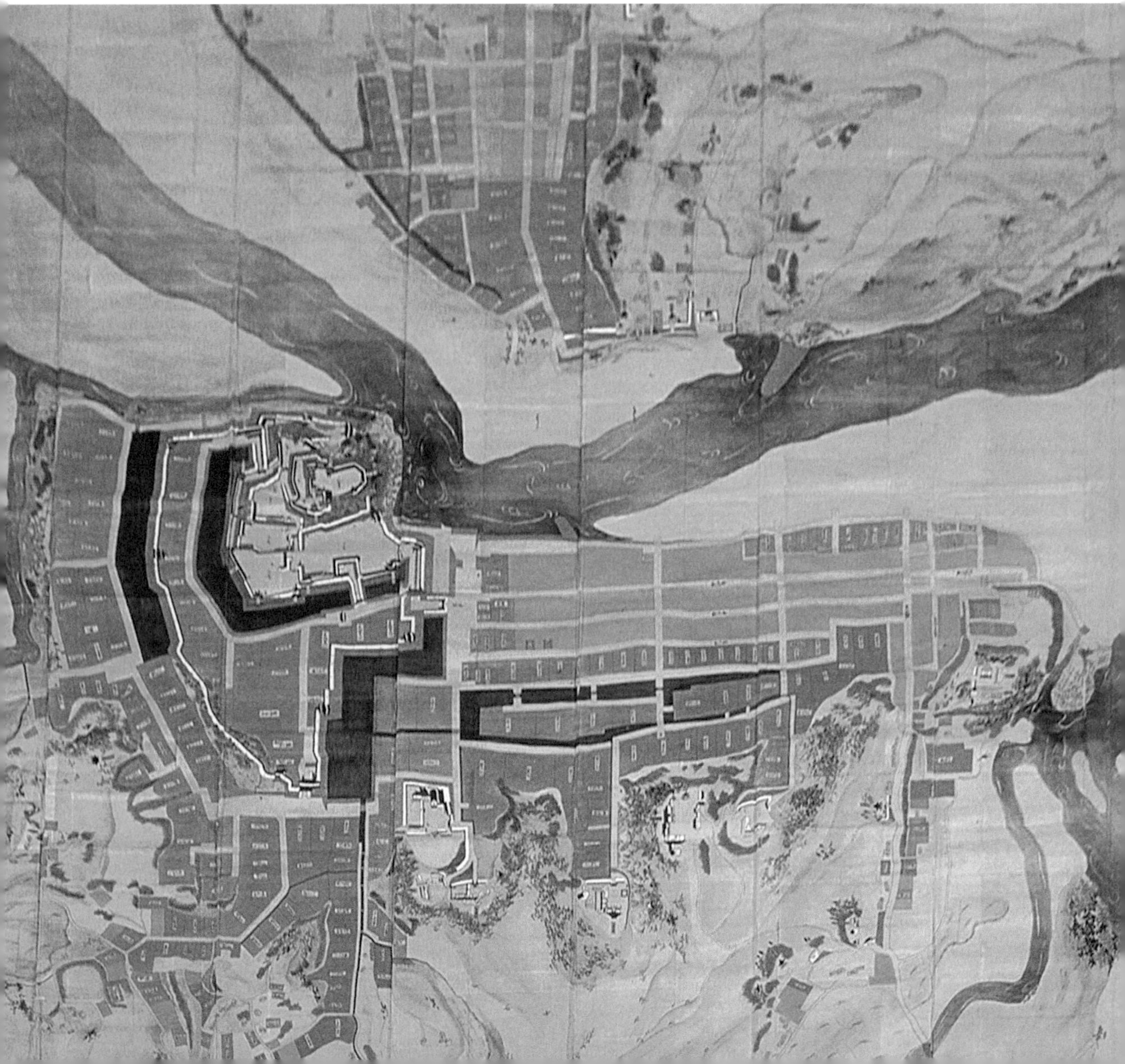

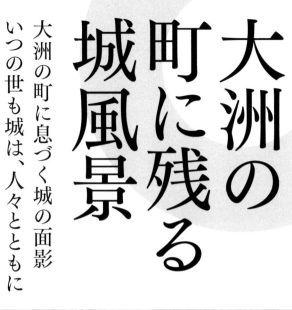

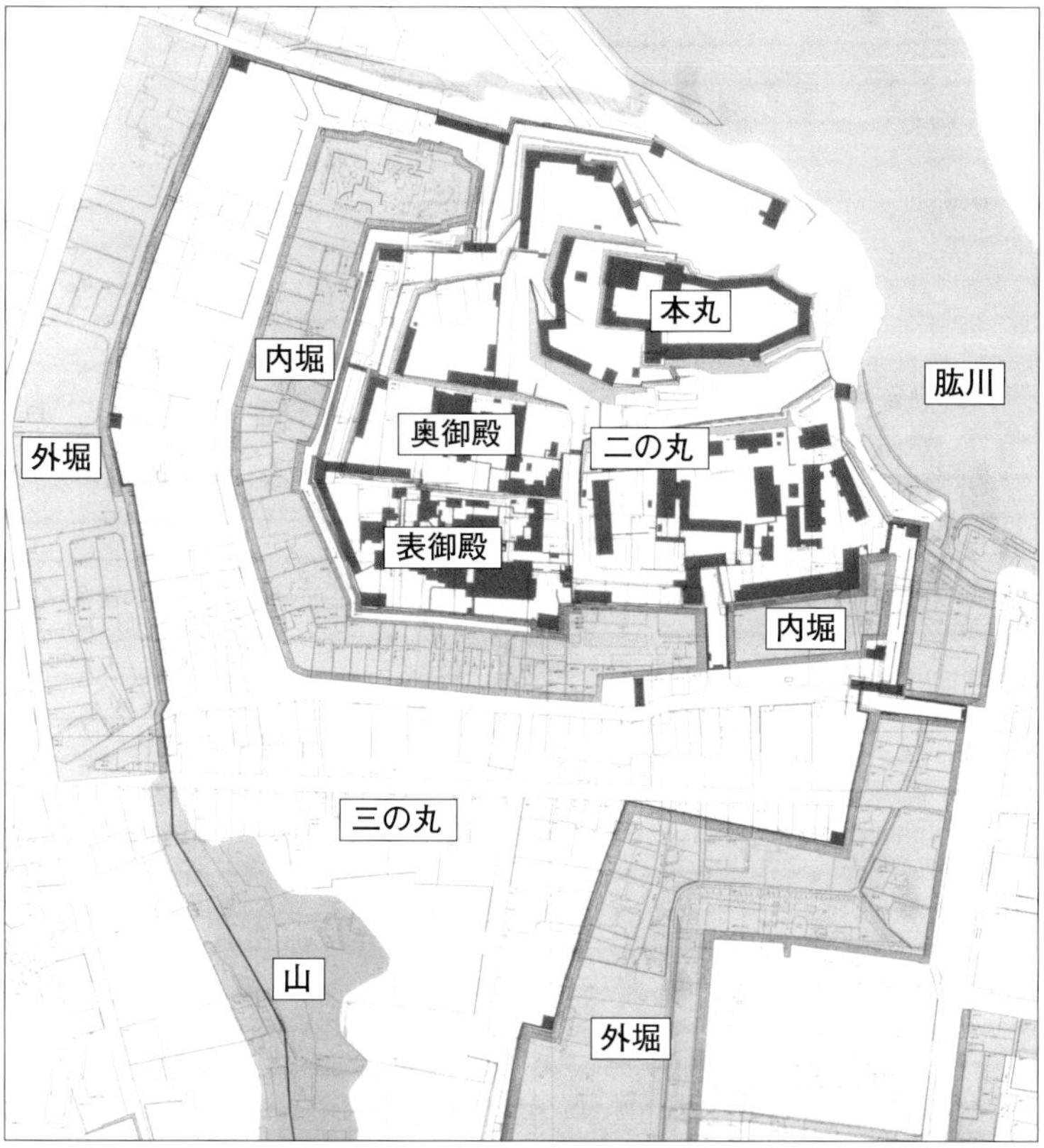

元禄年間(1688〜1704)の大洲城復元図と現況市街図を重ね合わせた図

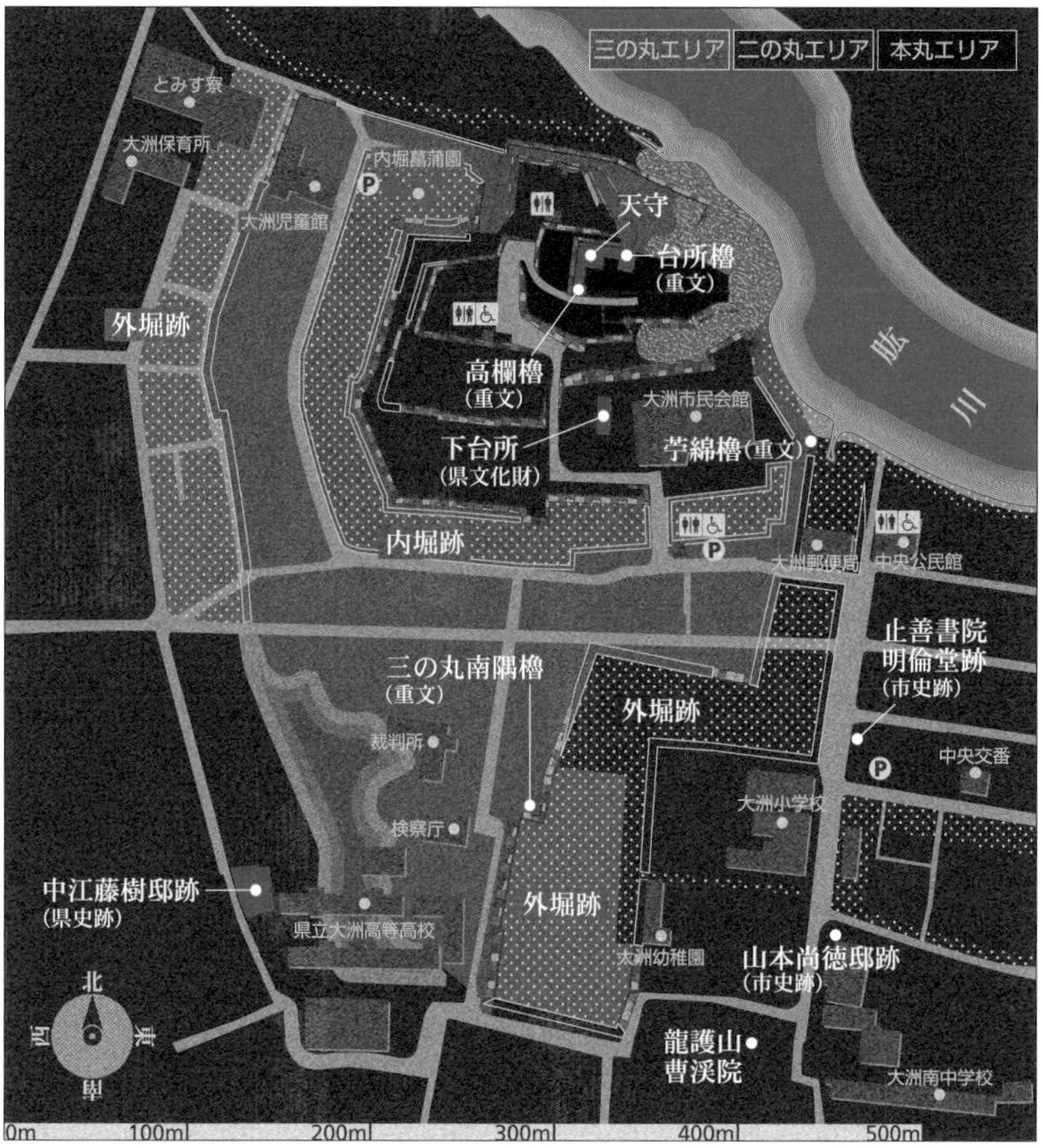

大洲城周辺の案内図

1 二の丸の表門にあたる「櫓下御門（やぐらしたごもん：二の丸大手門）跡」。堀を利用した枡形の先にあった。その片側を支えた石垣が今も残り、巨大な門の堅牢ぶりが伺える

大洲城直下

2 櫓下御門から西へ進んだ先に二の丸御殿があり、政治を司る表御殿と、藩主の住まいにあたる奥御殿とに分かれていた

3 二の丸御殿の手前から北を仰ぎ見ると、丘の上に天守が見える

5 外堀の最北西部に位置する「三の丸北西隅櫓跡」。三の丸にある5つの櫓の中で最も大きかった。現在はその石垣の中に児童館があり、天守が子どもたちを見守っている

4 季節の花が咲く「内堀菖蒲園」はかつて内堀があった場所。他は埋め立てられてしまった内堀だが、この場所だけは当時の地形をとどめ、石垣も残された

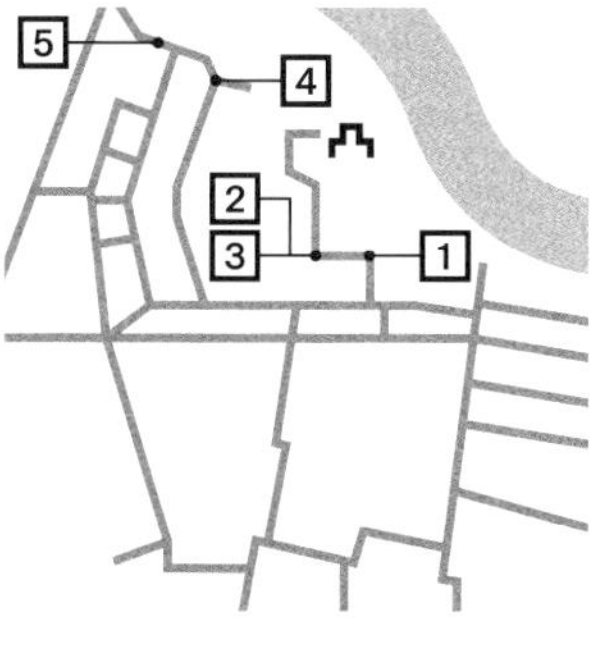

豊かな肱川の水を引き込む深い内堀と外堀に守られていた大洲城。本丸と二の丸を囲む内堀は、現在の大洲市民会館の駐車場前から東西を走り、内堀菖蒲園を北端にして南北に、北東部は肱川がその役割を担っていた。櫓跡や石垣のしっかりとした石積みと大きさからも、その堅い守りが伺い知れる。

1「大洲城三の丸南隅櫓公園」は通称「お殿様公園」と呼ばれる。園内にある「旧加藤家住宅主屋」は、大洲最後の藩主・加藤泰秋(やすあき)の嫡裔にあたる故加藤泰通(やすみち)氏が大正14年(1925)に建てた住居で、旧大名家の住宅らしく、格調高い西洋風のモダンな設え

お殿様公園

1「旧加藤家住宅主屋」の正面玄関や正門、裏門などは昭和50年代に映画『男はつらいよ』の撮影に使われた

1 園内に佇む「三の丸南隅櫓」は、外堀に向かう南東側の壁に攻撃用の石落としや狭間(さま)が設けられているのに対し、城の敷地内に面する壁には窓もない

大洲高校周辺

2 外堀が埋め立てられた場所には大洲高校のグラウンドがある。石垣に囲まれたサッカーゴールやテニスコートの奥に三の丸南隅櫓が見える

3 大洲高校の西側の通りには武家屋敷の面影が残る。白壁の先にある石垣の内側は大洲高校の敷地内で、周辺の武家屋敷を参考にして建てられた中江藤樹邸址：至徳堂（しとくどう）がある

2 校舎とグラウンドに挟まれた小道は三の丸並木道。南端は西門があった場所で、大手門を表門とすると、いわば裏門にあたる「搦手（からめて）門」だった

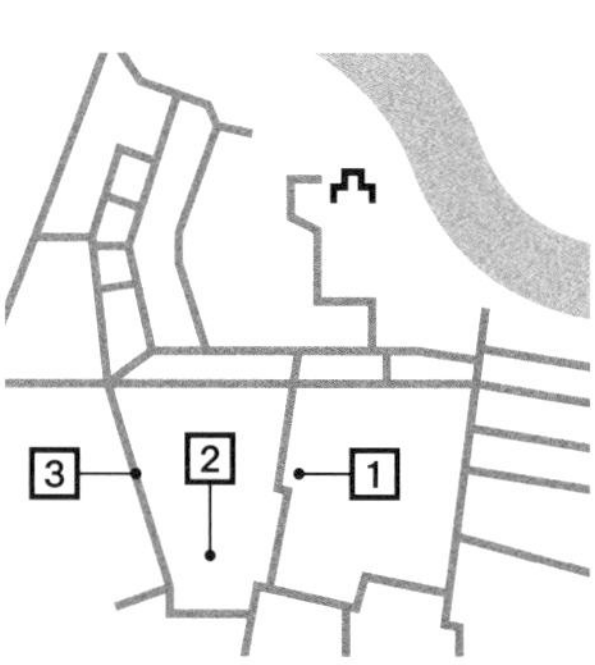

重臣たちの屋敷が並ぶ三の丸が内堀と外堀の間を埋めて南側と西側に並び、現在も当時の風情を残す武家屋敷のまち並みを見ることができる。見通しの良い場所からは遠くに大洲城の天守が見え、当時人々が城を仰ぎ暮らしていたのであろう様子が偲ばれる。

町から城を望む

1 大洲城から北西方向へ下った肱川沿いからの眺め。左から台所櫓、天守、高欄櫓が並ぶ姿を一度に視界に収めることができる

2 眼下に肱川を見下ろし、山々を背に佇む大洲城。雄大な自然に抱かれ、季節の移ろいとともに装いを変える

4 城を守る天然の砦としての役割を担っていた肱川は、その足元で今日も豊かな水を湛え滔々と流れる

3 往時は松の木が立ち並んでいたという大洲高校脇の三の丸並木道。視線のまっすぐ先に天守が見える

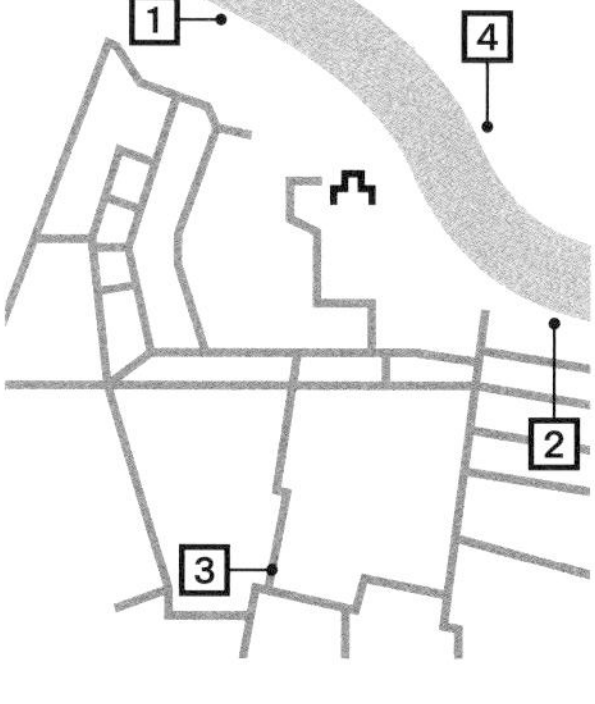

明治6年(1873)に廃城となった大洲城。城は士族たちへ払い下げられ、明治9年(1876)にはそのすべてが個人所有となり、天守も明治21年(1888)に解体された。しかし平成の世に、人々の情熱で天守はよみがえった。さらに次の時代へ、その先の未来へ、人々とともに在り続ける大洲城。その姿をしっかりと目に焼き付けたい。

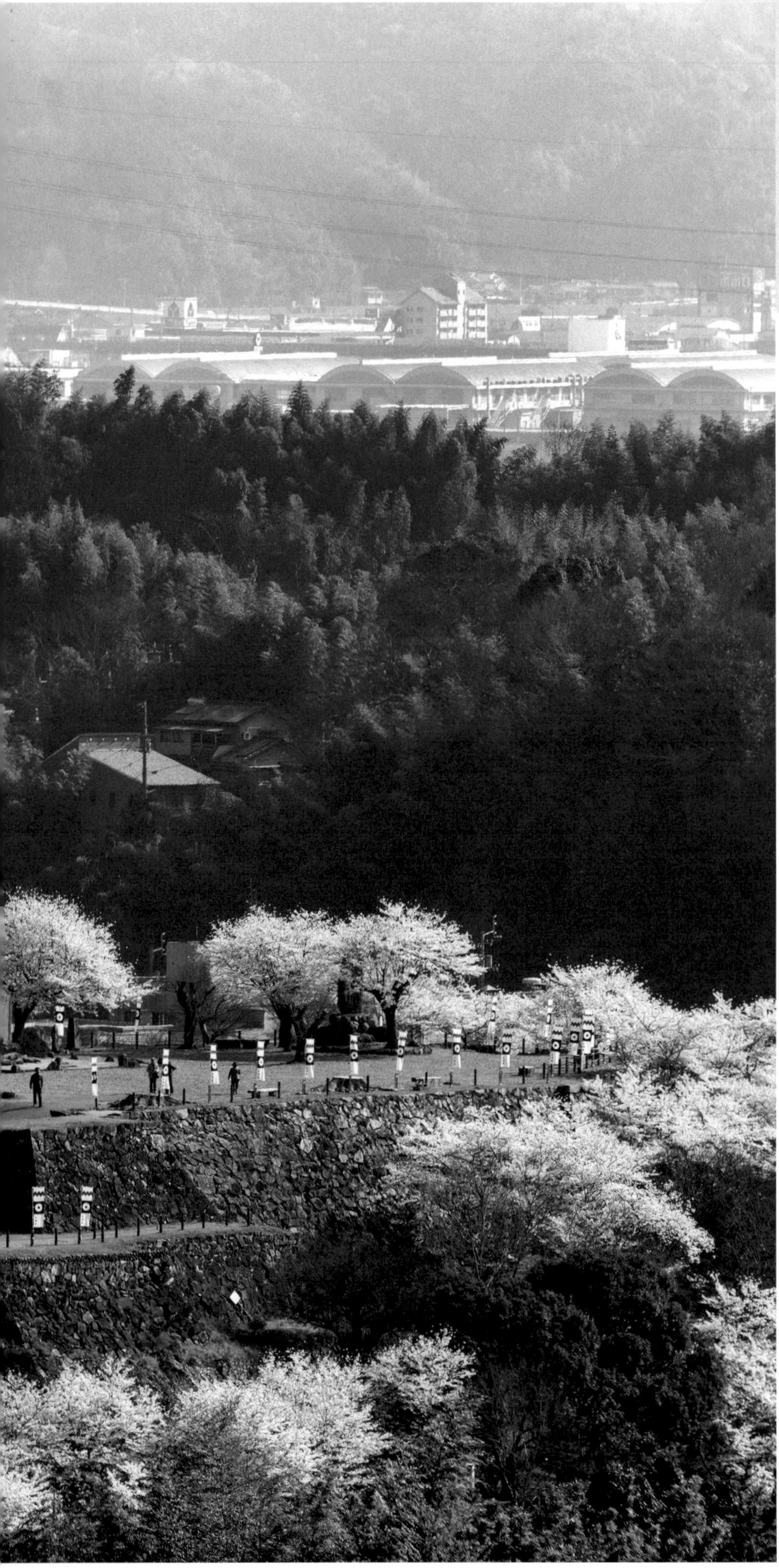

大洲城の見どころ

この地に、大洲城あり。現代によみがえった城を照覧あれ

春

一斉に花開く桜が城を包み、あたりを春の色に染める。日本の美を象徴するような風景だ。夜はライトアップされ、夜桜に煙る幻想的な姿を映し出す。

DAIKI
DAIKI

冬

冴え冴えとした雪景色の中に佇む城の静謐な美しさに息を飲む。下見板張りの黒色と漆喰の白壁が、雪とともに一枚の墨絵のような風景を織りなす。

夏

山の緑と空の青を映し流れる肱川。鉄橋を渡るJR四国の観光列車「伊予灘ものがたり」を、城の本丸から地元住民や観光客がのぼり旗を振って迎える。

秋

空が高く見える季節。秋の深まりとともに艶やかさを増していく紅葉が足元に広がり、澄んだ空気の中にくっきりと城が浮かび上がる。

大洲藩鉄砲隊

大洲城天守木造復元10周年を記念して平成26年に結成された大洲藩鉄砲隊。月1回、大洲城本丸にて火縄銃の公開演習も行っている。

花火大会

毎年8月3・4日、肱川で行われる花火大会。両日で約4,000発の花火が夏の夜空と大洲城を彩る。平成30年は豪雨災害により中止に。翌年1月、復興を祈念して冬花火大会が開催された。

北東部を流れる肱川が堀の一端を担い、東側には冨士山がそびえる。地形を活用した堅牢な守りと、豊かな森林資源や水運に恵まれた様子が見てとれる

天守外観

肱川の畔に建つ大洲城。北東に切り立つ丘の斜面の直下に肱川が流れ、天然の要塞を成す。水と緑に白壁が美しく映える城郭は、自然をも取り込む計算し尽くした防御機能を備えていた。

青石

愛媛の代表的な自然石「伊予の青石」。大洲の青石は大洲城の石垣にも使われている。表面色の濃淡や模様が変化に富み、磨くと独特の色と輝きが現れる

暗《くら》り門《が》跡

天守に至る最後の城門「暗り門」。門の上部を渡り櫓が覆い、内部が暗りであったことからその名で呼ばれた。門の正面を石垣が塞ぎ、L字型に折れ石段を登る構造だった

天守

戦後復元された木造天守としての四層四階は日本初、また高さ19.15mは日本一。一般的には三層天守の規模であり、四層は例が少ない。軒の張り出しを抑え天守を大きく見せ、各層に配された華やかな破風は五層天守を思わせる

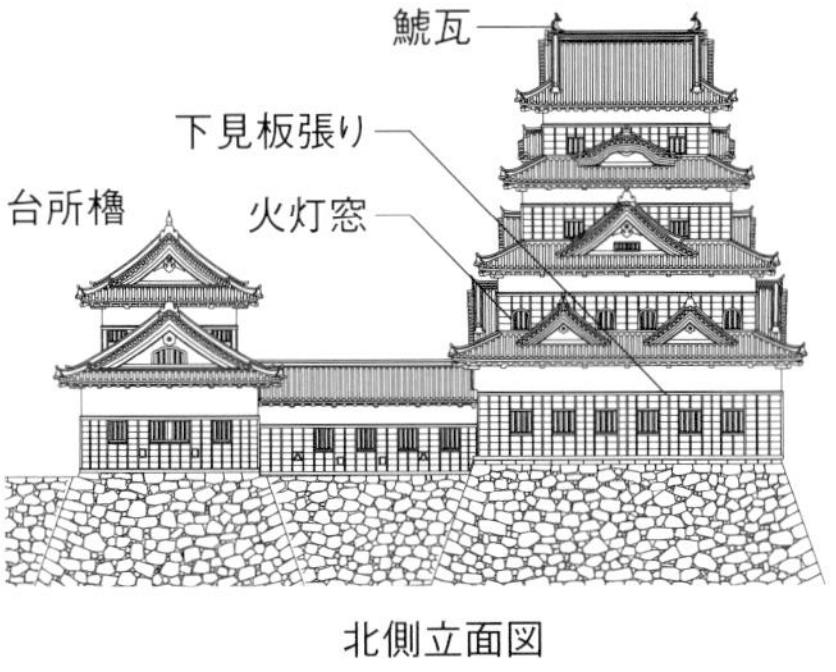

北側立面図

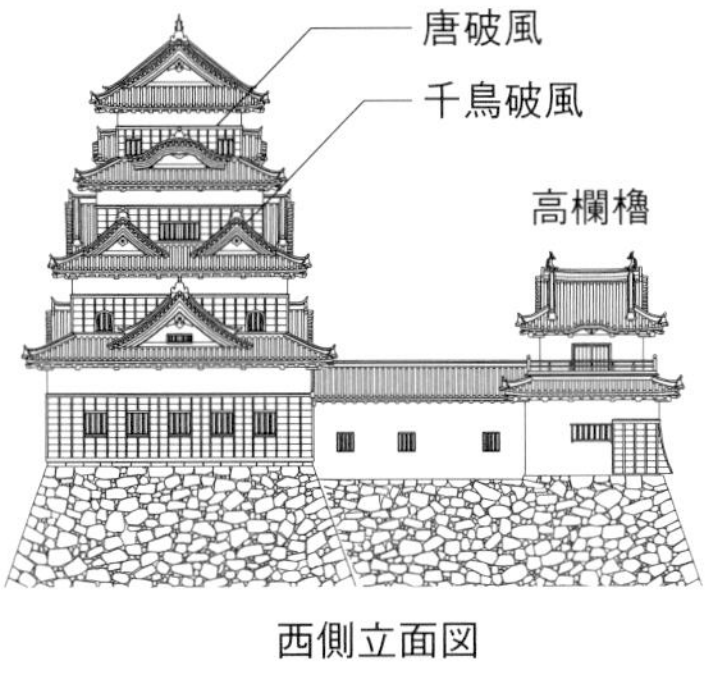

西側立面図

三角形の千鳥破風(ちどりはふ)、優雅な曲線を描く唐破風(からはふ)、さらには尖頭アーチ型の火灯窓(かとうまど)も加わり、城の外観に華麗な個性を添える

天守内部

平成十六年、約二年半にわたる工事期間を経て大洲城天守は現代によみがえった。多くの工匠の知恵と技を集結し完全復元された四層四階の天守。内部は木造の清々しさに包まれ、精巧さと力強さを併せ持つ城郭建築が見るものを圧倒する。

心柱《しんばしら》と吹き抜け

樹齢約250年のヒノキを使った直径33cmの心柱が、3階を境に上下に分かれ四層を貫く。1階と2階は心柱を廻るように階段が掛けられ、吹き抜けの構造になっている

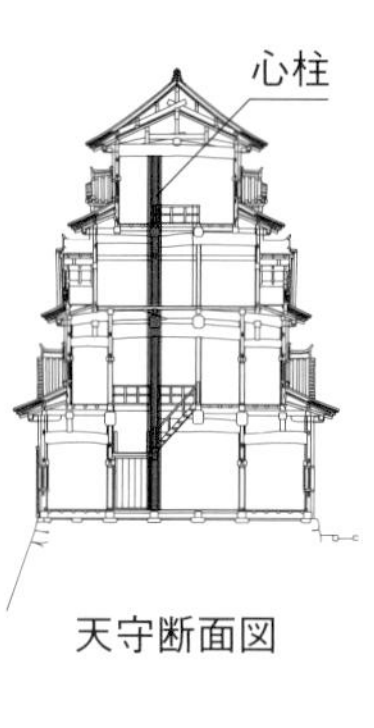

天守断面図

火打梁《ひうちばり》

隅角部に斜めに掛け渡した火打梁は大洲城天守の特徴の一つで、梁にかかる荷重を周囲に分散し強度を補う。木組みは非常に複雑で、大工が総がかりで一箇所に半日以上を費やしたという

火灯窓《かとうまど》

曲線で優美に縁取られた火灯窓は、天守外観を華やかに見せると同時に、内部からは外の景色を一枚の絵のように演出してくれる

棟札《むなふだ》

平成15年4月、天守復元工事の上棟式が行われ、工事記録を記した棟札が棟木に取り付けられた

狭《さ》間《ま》

三角形や四角形の狭間。外部から迫り来る敵にここから弓矢や鉄砲で攻撃を仕掛ける

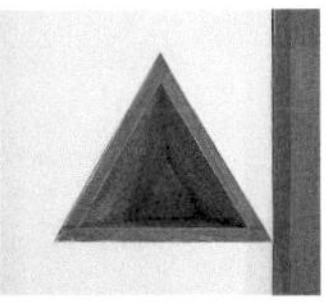

墨付け

木材の加工時に寸法などの印をつける「墨付け」は、復元に用いられた約7千点もの建材を正確かつ首尾よく組み上げるために入念に行われた

丸太梁

何本も並ぶ大きな丸太梁は圧巻の迫力。天守内部の木はほんのりと赤みがかった色をしている。これは樹皮近くの淡色部分を除いた木材だけを使っているためで、腐敗や虫に強く耐久性がある

高欄櫓

（国指定重要文化財）

2階の廻縁（まわりえん）と高欄（手すり）は、城内を一望する場所であると同時に装飾的要素もある。屋根を丸く押し上げた唐破風が優美さを添え、幅の狭い石落としも装飾用とみられている

三の丸南隅櫓

（国指定重要文化財）

三の丸に位置する櫓は、火災での焼失後、明和3年（1766）に再建された大洲城の現存最古の建物。外側面に袴腰形の石落としを備えているのが特徴

櫓《やぐら》

物見台や防御の役割を持ち、武器をはじめ資材や食料の保管を行う櫓。明治21年（1888）の天守解体時、4棟の櫓（台所櫓、高欄櫓、苧綿櫓、三の丸南隅櫓）は残された。いずれも国の重要文化財に指定されている。

台所櫓（国指定重要文化財）

大洲城の櫓の中では最大級で、三角形の屋根が縦に2つ並ぶ重厚感の中にやや横長の火灯窓が加わる絶妙な装飾美も見どころ。台所としての機能も付属するため、1階の高い位置に煙出し用の格子窓が見られる

下台所（県指定文化財）

城内の食料庫として使用されていたとみられる、一部2階建ての土蔵風の造りをした高床構造の建物

苧綿櫓《おわたやぐら》（国指定重要文化財）

肱川沿いの二の丸東側に位置し、糸や布の原料になる苧綿の貯蔵庫だったと考えられている。昭和34年（1959）に行われた解体修理の際、洪水に備えて石垣が約2.6mかさ上げされた

コラム

「伊予一国絵図」に見る大洲藩の歴史

江戸時代、幕府は主要大名に命じて各国の地図「国絵図」を作らせた。国絵図の徴収は幕府が全国を掌握するための手段であると同時に、支配者たるものの存在を知らしめる目的もあった。作成開始時期ごとに慶長国絵図、正保国絵図、元禄国絵図、天保国絵図と呼ばれる4種類があるとされてきたが、近年さらに寛永国絵図の存在が明らかになった。伊予国については寛永国絵図が現存最古のものとなる。

ここにあげる2点の「伊予一国絵図」はいずれも寛永期に制作されたものとされるが、描かれた内容には若干の違いがあり、そこには歴史の動きが見てとれる。

上の国絵図が完成品の写し。下の国絵図をその基礎資料とし、上の図が作られたと考えられている。下の絵図を見ると、大洲藩の飛び地であった風早郡と桑村郡、松山藩の領地だった伊予郡と浮穴郡の替地が行われていない。寛永12年(1635)に2代藩主・加藤泰興が幕府へ替地を願い出る以前に作られたものと見られる。また大洲藩より西の宇和島藩が描かれておらず、大洲藩と松山藩が協力して制作していた途中の産物と見られることも興味深い。その点を、歴史学の立場から三重大学の藤田達生《ふじたたつお》氏は「松山藩がリードして大洲藩と協力して作成したもの。国絵図完成に至る途中段階の珍しい絵図で、重要データが満載されている」と評している。

時代背景を映し出す国絵図。歴史資料を紐解く面白さがよく表れている一例だ。

> 天保国絵図以降、6寸1里(21,600分の1)という全国共通の縮尺で制作された国絵図は、いずれも数メートル四方という大きさだ。伊予国絵図も縦横180cmを超え、他の国では8mを超えるサイズのものもあるという。

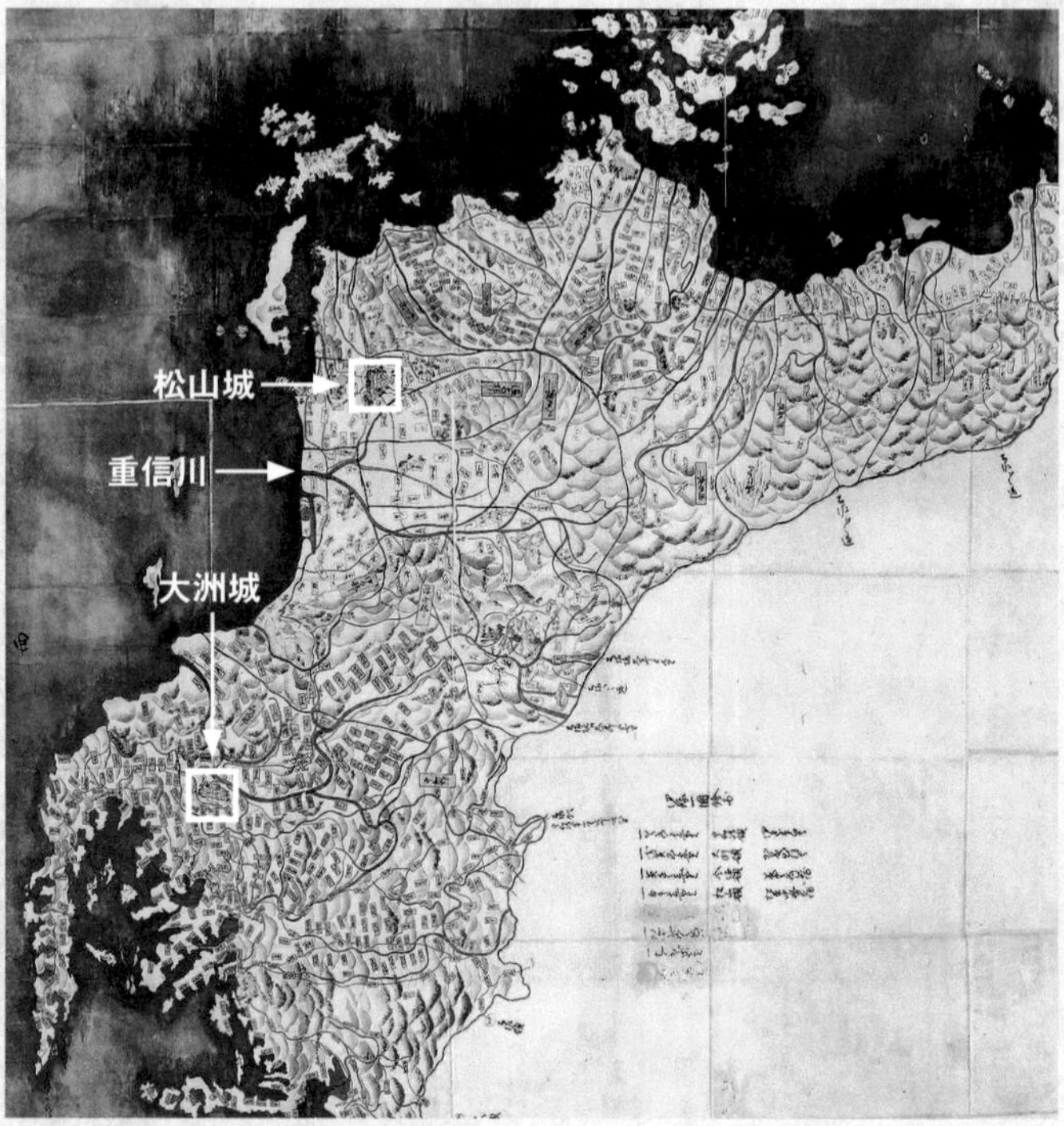

寛永年間作成とされる「伊予一国絵図」
(松山城蔵)

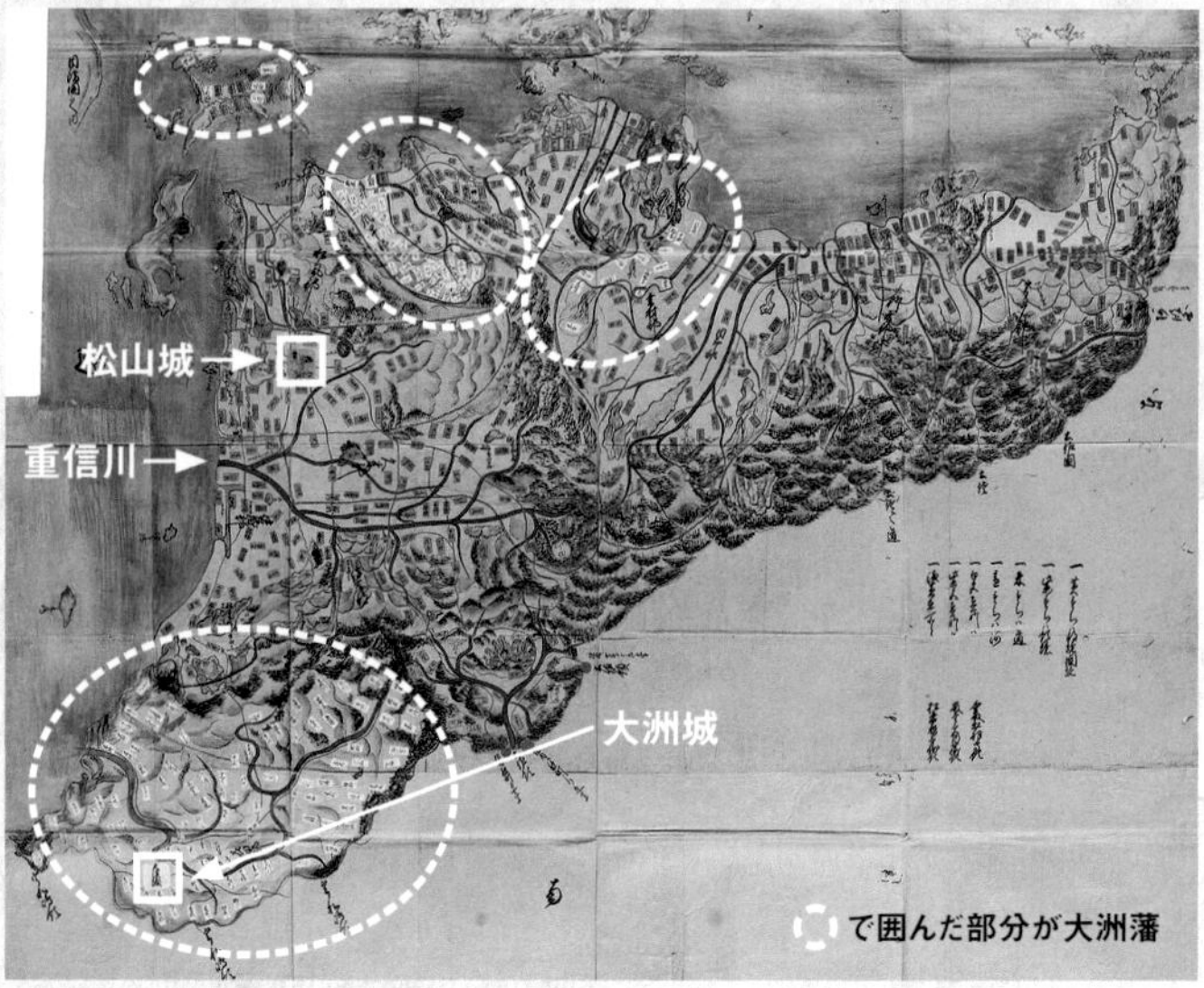

寛永12年以前の寛永年間作成と見られる「伊予一国絵図」
(加藤家蔵/大洲市立博物館保管)

大洲の歴史と人と城

大河の畔の小藩なれど――

大洲藩の作事方(さくじがた)だった中野家に伝わる大洲城の「天守雛形」。伝統工法による大洲城復元の際、明治時代の古写真とともに参考にされた(大洲市立博物館蔵)

大洲藩の基礎をつくった藤堂高虎《とうどうたかとら》と脇坂安治《わきさかやすはる》

大洲を治めた伝説の戦国武将たち

豊臣秀吉の天下統一を経て、徳川幕府が磐石《ばんじゃく》の構えを見せるまでに、名だたる戦国武将たちが大洲を統治した。一人は築城の名手として知られる藤堂高虎、もう一人が「貂《てん》の皮」で知られる強運の持ち主、脇坂安治である。

中世から戦国時代にかけての大洲

大洲は、古くから肱川を利用した水運の拠点として栄えていた。「港」を意味する「津」を用いて「大津」と呼ばれたのは、その名残である。肱川は、鳥坂《とさか》峠を源流として長浜まで流れる延長百三キロの川で、源流から内陸に向かって反時計回りに円を描くように蛇行しながら、四百七十四本の支流を引き込み、堂々たる大河となって瀬戸内海に注ぎこむ。

この地に城ができたのは、鎌倉時代末期。宇都宮一族とされる宇都宮豊房《うつのみやとよふさ》が地蔵ヶ嶽《じぞうがたけ》に築城したのがはじまりとされている。それ以前の源平争乱の頃にも、「比志《ひじ》城」と呼ばれる城があったという記録があるが、いつからあったのかははっ

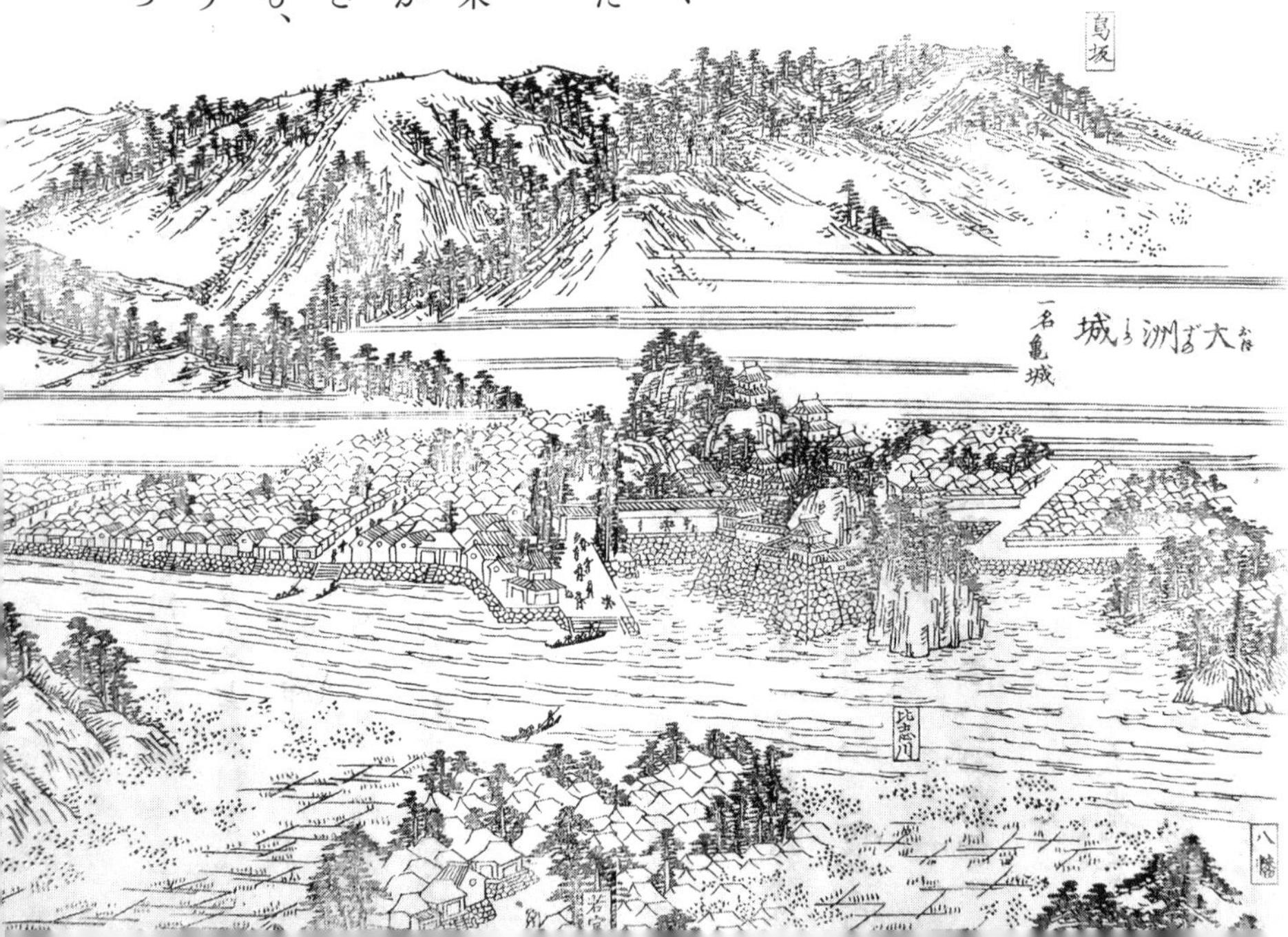

『愛媛面影』に描かれた大洲城。『愛媛面影』は今治藩医で国学者の半井梧庵（なからいごあん）が著した地誌である（愛媛県歴史文化博物館提供）

きりしない。

　戦国時代になると、土佐の長宗我部氏や豊後の大友氏、伊予では守護の河野氏、宇和郡の西園寺《さいおんじ》氏らがこの地方に食指を動かし、同盟、離反、裏切りを含む小競り合いが繰り返され、二百五十年にわたる宇都宮氏の支配は終わりを告げた。その後、宇都宮氏の旧臣であった大野直之が一時的に領主となるが、天正十三年（一五八五）に豊臣秀吉の四国出兵が始まり、直之は栄光の座から滑り落ちた。

宇和島藩に伝わる秀吉の肖像画。秀吉の側近・富田知信が狩野派の絵師に書かせたもので、国の重要文化財に指定されている（公益財団法人 宇和島伊達文化保存会蔵）

秀吉支配下の大洲

　天正十三年、豊臣秀吉が四国を平定すると、伊予国三十五万石を小早川隆《こばやかわたか》景《かげ》が統治するようになった。隆景の養子・秀包《ひでかね》（毛利元就《もうりもとなり》九男）が大洲の城に配置され、喜多郡・宇和郡を統治した。

　天正十五年（一五八七）、九州を平定した秀吉は、隆景に筑前・筑後二郡・肥後二郡を与えた。隆景の筑前転出のあとを受けて、東予の福島正則とともに伊予に入部したのが戸田勝隆《とだかつたか》で、大洲城を主城として、喜多・宇和両郡を支配した。

　勝隆は、豊臣秀吉古参の臣で、信長が組織した母衣《ほろ》衆に属していた人物である。弘治三年（一五五七）、秀吉が播磨国《はりまのくに》姫路城主となると、同国内で五千石を与えられ、以後、小牧《こまき》・長久手《ながくて》の戦いや四国出兵に従軍し、勇猛果敢な戦いぶりで名を高めた。

　戸田勝隆の治世は、すこぶる評判が悪い。検地の邪魔をすれば斬り捨て御免。旧勢力の西園寺公広《きんひろ》を、秀吉から旧領相続の安堵状《あんどじょう》が来たと大洲城に呼び出し、家来ともども謀殺したとも伝えられる。

　『清良記《せいりょうき》』によると、天正十六年（一五八八）二月に勝隆が大洲から宇和島の丸《まる》串城《ぐしじょう》に入ると、一揆の主謀者たちや、この地方の有力者を処刑し、三間、吉田から板島《いたじま》（宇和島）、津島から板島に至るおよそ十里の道沿いに、七百八十人余を磔《はりつけ》にしてさらした。

　文禄元年（一五九二）の朝鮮出兵の際、勝隆は四千の兵を率いて渡海し、翌年は巨済島《コジェ》に滞留して講和交渉に当たったが、帰国途中に病死した。『清良記』には、勝隆の病気が平癒せず、文禄三年

『清良記』は、宇和郡大森城主だった土居清良の一代を綴った合戦記。日本最古の農書としても知られている（個人蔵／愛媛県歴史文化博物館保管）

（一五九四）十月二十三日に死んでしまったのは神の思し召しか、とまで書いている。

大洲へ入部した藤堂高虎と波乱の人生

文禄四年（一五九五）、勝隆のあとを受けて藤堂高虎が宇和郡七万石を領した。

藤堂高虎は、弘治二年（一五五六）、近江《おうみ》犬上郡の小土豪・藤堂虎高の子として生まれた。元服の時には身の丈六尺二寸（一八八センチ）、体重三十貫（一一三キロ）という堂々たる体格になり、浅井長政《あざいながまさ》に仕えた。元亀元年（一五七〇）、姉川の戦いで、敵の兜首《かぶとくび》を取る手柄で感状を与えられ、その後もたびたびの合戦で名を上げた。しかし、同僚との喧嘩で刃傷沙汰《にんじょうざた》を起こしたため、浅井方を飛び出した高虎は、阿閉義秀《あつじよしひで》に身を寄せたが、腰が定まらない。次に磯野員昌《いそのかずまさ》に仕えたものの、長続きしなかった。

天正四年（一五七六）、高虎は秀吉の弟・羽柴秀長に招かれた。秀長は、高虎に初めから三百石を与えると約束した。高虎が良い働きをすると、秀吉に報告して直接褒美《ほうび》をもらえるようにするなど、秀長も高虎も互いを尊重した。高虎は、これまでの主君とは異なる高潔で温情深い秀長の家臣として、ようやく自分の居場所を見つけたのである。

藤堂高虎の肖像画。今治城にも、高虎の肖像画が残されている（原資料西蓮寺蔵／複製愛媛県歴史文化博物館蔵）

築城に携わるようになった高虎

秀長に仕えた高虎の最初の仕事は、安土築城の現場監督であった。このときに高虎は築城術を学び、石積みの技術集団・穴太衆《あのう》とも親しくなった。

高虎は秀長に従って転戦し、先鋒を務めて勝利を手中にした。天正八年（一五八〇）の三木城攻めでは、敵の猛将・賀《か》古《こ》六郎右衛門との一騎討ちで、「賀古黒」と呼ばれる六郎右衛門の黒毛の駿《しゅん》馬《め》を手に入れた。その後、但馬地域の一揆の平定、天正十年（一五八二）の山崎の合戦、伊勢攻略、賤ヶ岳《しずがたけ》の合戦で殊勲をたてて四千六百石となり、天正十二年（一五八四）には小牧、長久手でも戦った。

翌年、秀長が紀伊、大和、和泉百万石に封じられると、高虎も粉河《こがわ》一万石の家老となる。紀伊では反抗する熊野や雑賀《さいが》の水軍を攻めて服従させた。これが、高虎の将来に大きな意味を持つことになった。

天正十九年（一五九一）に羽柴秀長が病没。四年後に後継者の秀保が十七歳で急死すると、お家断絶に責任を感じた高虎は出家して高野山に登ったが、秀吉の命で下山して宇和郡を預けられる。当初、高虎は宇和島にいたが、すぐに蔵入地《くらいりち》の大洲城に住んだ。『予章記《よしょうき》』には「大洲地蔵嶽城」に藤堂高虎が入国したと伝えている。

朝鮮出兵と、捕虜とした儒学者・姜沆《カンハン》

文禄元年（一五九二）、秀吉は朝鮮出兵を行った。高虎は、文禄の役では壱岐《いき》舟奉行を命じられ、紀州水軍を率いて輸送船団の指揮と護衛にあたり、続く慶長の役では、再度水軍の将となる。

翌三年、高虎は功により大洲一万石を加増され、秀吉が没すると、家康から命じられた水軍引き揚げの総指揮をみごとに果たした。

高虎が連れて帰った千人余りの捕虜のなかに儒学者・姜沆がいた。姜沆は、大洲城に幽閉されていたが、慶長三年（一五九八）五月二十五日の夜、大洲を脱走した。宇和島に着いた姜沆は、当時工事中の宇和島城城門に朝鮮侵略批判の文を書きつけた。

捕まった姜沆は、死刑に決まったが、刑場で高虎の家臣・藤堂新七郎に命を救われた。その後、姜沆は約十カ月を大洲で過ごし、脱走のそぶりを見せることはなかった。

伏見に移された姜沆は、相国寺《しょうこくじ》の僧・藤原惺窩《せいか》に出逢う。惺窩の態度に好感を抱いた姜沆は、朝鮮儒学や孔子の学典を伝える。惺窩は仏の道を捨てて儒学を学び、のちに日本の儒学を確立させた。惺窩は姜沆の助言を受けながら、慶長四年（一五九九）に『四書五経倭訓』を完成させる。この書により、惺窩は日本朱子学の祖といわれる。

慶長五年（一六〇〇）四月二日、高虎に許されて朝鮮に帰国した姜沆は、幽閉生活の記録を『看羊録《かんようろく》』として刊行した。この書には「大洲城は、高山の絶頂に拠っていて、山の下には大きな澄み切った川がまとわりつくように流れている。（私は）いつも空城に上り、西（＝朝鮮）

1／姜沆は、李王朝の儒学者・姜希孟の5代目の子孫。儒学が日本に根付くための、大きな影響を与えている（村上恒夫氏提供）

2／大洲市豊茂にある金山出石寺（しゅっせきじ）に伝わる、高麗王朝時代の朝鮮半島で作られた銅鐘。藤堂高虎が持ち帰って奉納したと伝わる

3／大洲市民会館前にある姜沆の顕彰碑。平成2年に建てられた（村上恒夫氏提供）

関ヶ原の戦いの様子を上空から望んだ「関ヶ原合戦図屏風（部分）」。人物や甲冑、部隊の配置など、戦闘の模様が丁寧に描かれている（渡辺美術館蔵）

を望んで慟哭《どうこく》した」という記述がある。

関ヶ原の戦いで伊予半国を領した高虎

秀吉の死後、豊臣の武将たちは、北政所《きたのまんどころ》を中心とする加藤清正や福島正則らの武断派と側室の淀殿を中心とする石田三成や小西行長《こにしゆきなが》らの文治派に分かれた。

二派のいさかいを阻止していた前田利家が慶長四年（一五九九）三月に死去すると、対立が表面化する。この年の十一月、家康は上杉景勝《うえすぎかげかつ》に謀反の疑いありと糾弾するが、景勝は釈明を拒否した。翌年五月には出陣命令が出され、六月には秀頼《ひでより》のための戦いという大義名分を得て、会津征伐へ向かう。だが、家康が七月に下野国小山に着いたとき、石田三成が家康討伐の宣戦を布告したので、家康は関ヶ原へと兵を進めた。

九月十五日の午前八時、決戦の火蓋《ひぶた》が切って落とされた。高虎の陣は兵二千五百を用意し、宇喜多《うきた》隊と戦っている福島隊の背後を通って前線へ出て、大谷吉継《おおたによしつぐ》隊とその支隊に対峙した。

西軍（豊臣）は三万二千、東軍（徳川）は七万五千の軍勢だが、緒戦は西軍が優勢となった。しかし、正午過ぎ、家康が小早川秀秋の陣へ一斉射撃をすると、小早川一万五千の軍勢が大谷隊を攻め、傍観していた脇坂、小川、朽木《くつき》、赤座直保《あかざなおやす》隊も大谷隊へ襲いかかった。午後一時には、西軍は総崩れ。午後二時には、三成が逃走し、家康は勝者となった。

三成は、二十一日に伊吹山中で捕らえられ、十月一日に京都六条河原で斬首された。高虎は三成に対面して自軍の欠点を聞き、鉄炮頭《てっぽうがしら》が弱いという指摘を受けて侍を入れ替えたという。

関ヶ原後、高虎は共に朝鮮へ出兵した加藤嘉明《よしあき》と伊予国を分け合った。だが、中予の浮穴《うけな》郡、風早《かざはや》郡から東予諸島にかけては両者の領分が入り込み合い、複雑な領地となった。朝鮮では高虎と嘉明が先攻を巡って言い争った因縁もあり、隣接する境界では諍《いさか》いの絶えることがなかった。

高虎と渡辺勘兵衛のまちづくり

伊予半国二十万石を領した高虎は、今治に城を築くために大洲を離れた。

高虎の去った大洲城では、家臣の渡辺勘兵衛が城代としてこの地を差配した。勘兵衛は近江国浅井郡に生まれ、「渡り奉公人」として各地を転々とし、次第に軍略家として知られて、天下三勘兵衛の一人といわれるまでになった。

貞享元年(1684)に渡辺不誰が著した『渡邊推庵遺像裏書』に掲載されている渡辺勘兵衛の乗馬図(渡邊勘兵衛遺像裏書(渡邊推庵遺像裏書)より／国立国会図書館提供)

勘兵衛は、西軍に属した増田《ました》長盛《ながもり》の客将として大和《やまと》郡山《こおりやま》城を守っていた。城主不在のため、城明け渡しはできないという意地と名誉を貫いた勘兵衛の態度に惚れこんだ高虎は、二万石で勘兵衛を召し抱える。勘兵衛は高虎に従い、多くの城の縄張、町割、合戦に力を振るった。

大洲には神楽山《かぐらやま》に「おかんべ屋敷」という地名が残っており、渡辺勘兵衛が町づくりにも関わった可能性が高い。

慶長十年(一六〇五)七月二十八日に、部下の田中林斎《りんさい》に命じて、塩売買のための塩屋町を設けさせたという文書が、大洲市立博物館に残されている。

高虎時代以降に描かれた古町図ではあるが『大津総町中之絵図』(寛永二十年十月二十六日製図、水損につき享和三年複写)には、本町筋・中町筋・裏町筋の三筋があり、東端に塩屋町通りが記されている。塩屋町は高虎時代にでき上がっていることから、武家屋敷も町家も高虎の時代にできていたのではな

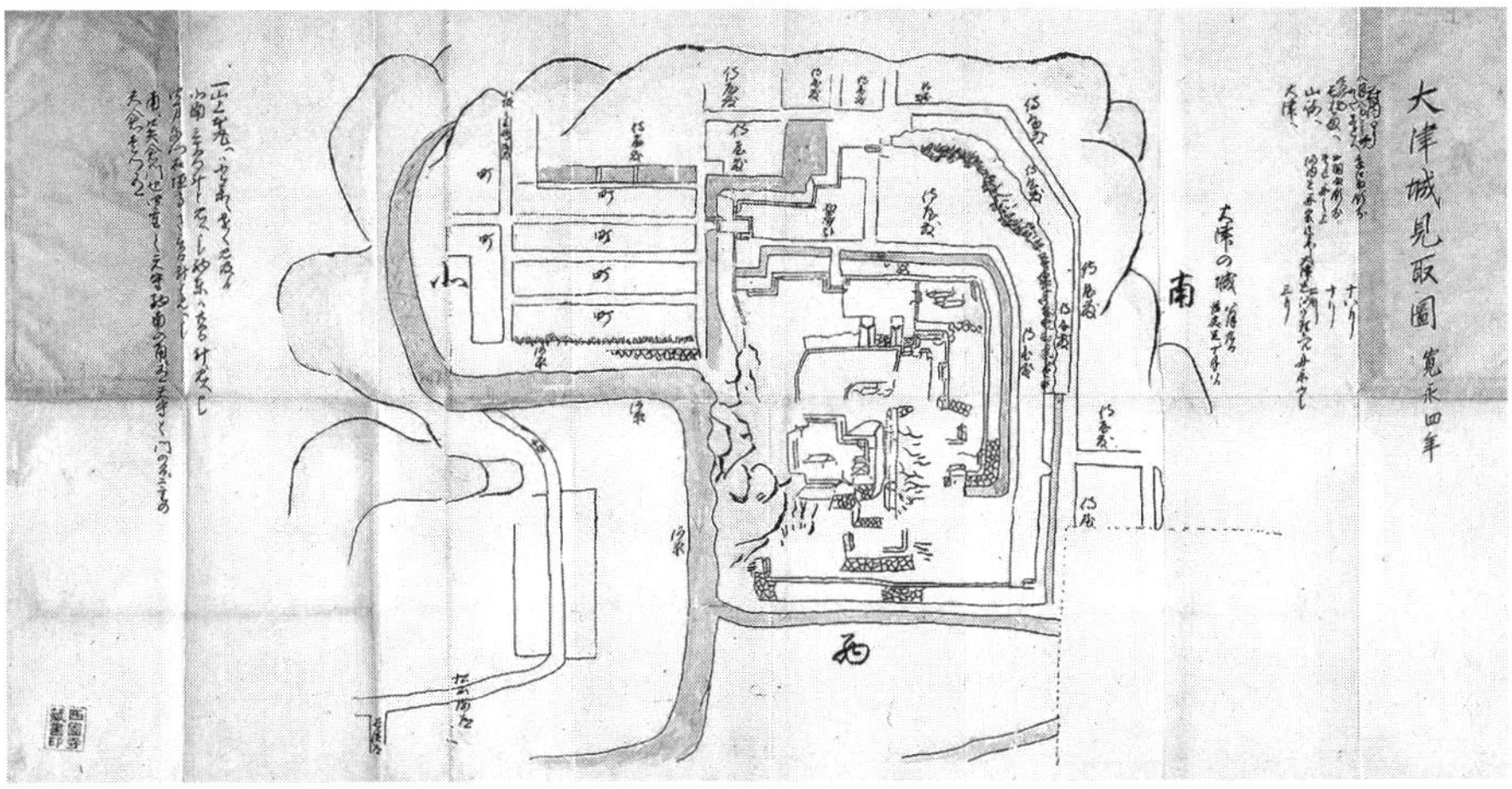

寛永4年(1627)、幕府隠密の偵察で描かれた『讃岐伊予土佐阿波探索書』。城下町の表玄関は、大手口前の桝形(ますがた)通りであった。士族の屋敷は、城を囲むように建てられ、肱川を隔てた城の北側には武家屋敷と町家が置かれている。桝形通りには、蔵長屋、銀札場、船蔵、町会所があった(伊予史談会蔵)

いか。それを裏付けるのは、慶長十三年（一六〇八）に富田信高の家臣が城地請取のため旅の途中に大洲を通過するので、泊まりの宿、人馬の食事などの提供するようにと、藤堂良勝らに命じた高虎からの文書である。これからも、大洲には城下町としての町割がすでにできていたと思われる。

　慶長十三年八月、高虎は伊勢安濃津《あのつ》城に移封され、十四年にわたる高虎の治世は終わりを告げる。

賤ヶ岳《しずがたけ》七本槍のひとり、脇坂安治

龍野神社に残されている脇坂安治の肖像画。残念ながら貂の皮は描かれていない（たつの市立龍野歴史文化資料館蔵）

高虎が大洲を去ったのち、慶長十四年（一六〇九）からこの地を統治したのが脇坂安治である。安治は、天文二十三年（一五五四）に近江国浅井郡で生まれている。安治の初陣は十六歳で、光秀の丹波黒井城攻めに加わり、敵の首を取っている。

　安治の名前は、賤ヶ岳七本槍の一人であることと、幸運を招くという「貂《てん》の皮」で知られている。

　天正六年（一五七八）の三木合戦《みきかっせん》で、秀吉恩賜の輪違《わちがい》の紋がある母衣《ほろ》を着て、赤井悪右衛門直正の黒井城を攻めた。

　安治は、開城の使者として出向き、降伏を求めた。体の弱っていた直正は、兄家清の子・忠家の命を助ける条件で開城するといい、雌《めす》の貂の皮の指物《さしもの》も譲るという。貂の皮は雌雄《しゆう》揃ってひとつになる。安治が直正にそれをねだると、勝負を提案してきた。なんとか勝つことのできた安治は、槍の鞘《さや》にそれを掲げたのである。これ以来、貂の皮は、安治に運を呼び込んだ。

　天正十一年（一五八三）の賤ヶ岳の戦いでは、安治は三十歳だった。この戦いで活躍したのが安治と加藤嘉明、加藤清正、福島正則、片桐且元《かたぎりかつもと》、平野《ひらの》長泰《ながやす》、糟屋《かすや》武則《たけのり》らの七武将で「賤ヶ岳七本槍」と呼ばれた。安治はこの功績により、山城国に三千石の領地を与えられた。

　以後、安治は伊賀、摂津、大和国高取二万石、淡路国洲本三万石と出世を重ねた。天正十八年（一五九〇）の小田原征伐で安治は水軍を任され、以後、船手の将となり、慶長の役では蔚山《ウルサン》の功により三千石の加増があった。

　慶長五年（一六〇〇）、関ヶ原の戦いでは西軍に属して、大坂福島に出動し、関ヶ原へと進軍した。しかし、一度も攻撃せず、小早川秀秋が東軍につくと、安治も西軍に攻撃を加え、右翼方面を崩壊させている。安治は、小川祐忠《すけただ》、赤座直保、朽木元綱《もとつな》とともに関ヶ原合戦の寝返り四将として知られているが、藤堂高虎から協力依頼があり、戦前に裏切りを約束していたため、当初から家康の味方と見なされて所領を安堵《あんど》された。

関ヶ原の戦いから十年近くを経た慶長十四年（一六〇九）、安治は関ヶ原の功績の名目で二万石を加増され、喜多郡・浮穴郡・風早郡で五万三千五百石の領地を得て、大洲城へ居を移した。大洲城の天守はこの脇坂氏によって築かれたという城郭研究家が多い。

元和元年（一六一五）、安治が隠居すると、大洲は子の安元に引き継がれた。脇坂氏は、有力な地侍を庄屋に任命し、兵農分離を円滑に行った。

元和三年（一六一七）、安元は信濃国伊那郡飯田城五万五千石へ国替となり、米子から移封となった加藤家が二百五十年にわたり、大洲を治めることになる。

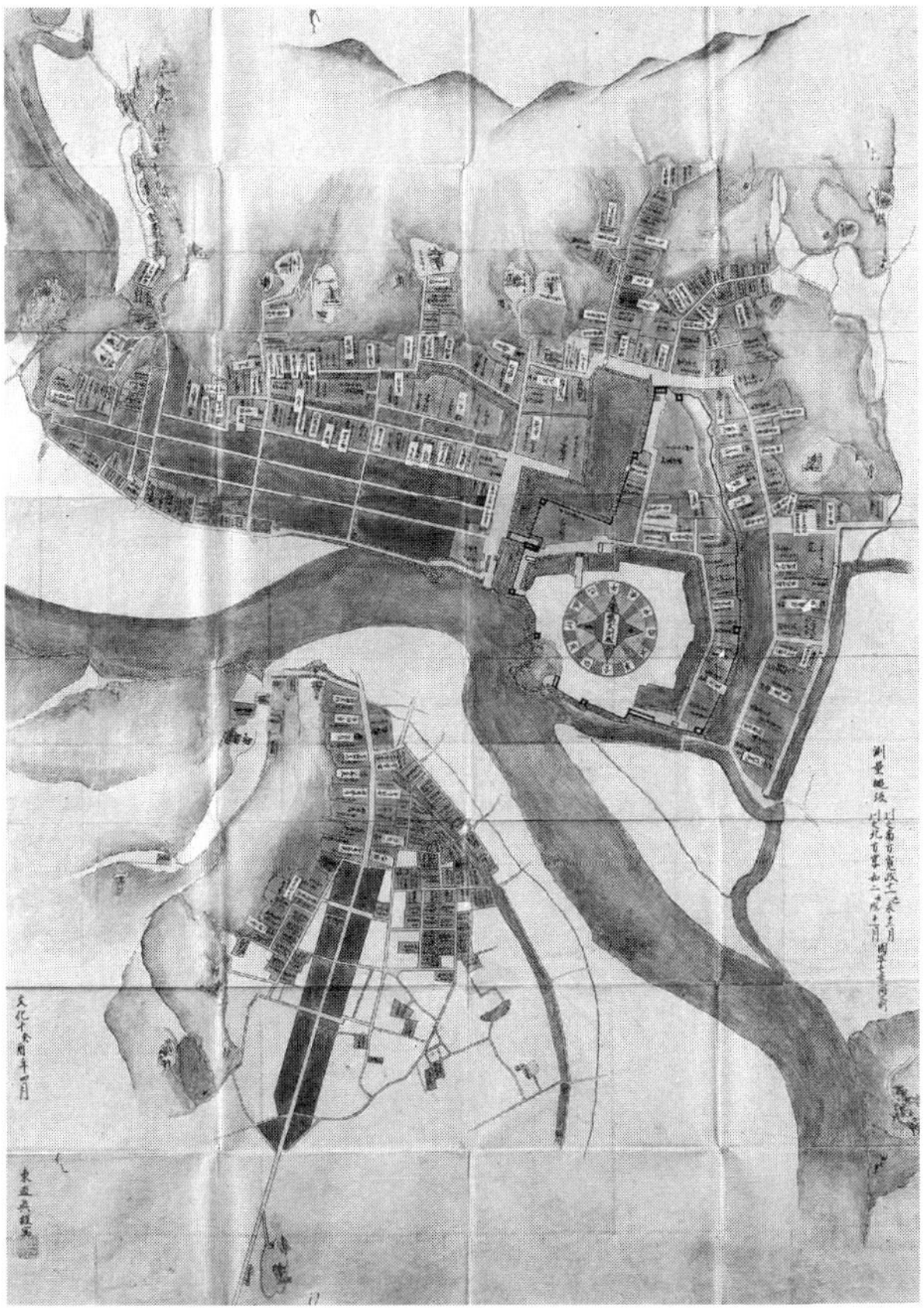

文化10年（1813）につくられた『大洲城及附近侍屋敷地図』。現在と比べても城下町部分に大きな変化がないことがわかる。（加藤家蔵／大洲市立博物館保管）

大洲は勤勉な領主が似合う土地柄

高虎も安治も、秀吉の死後天下を平定するのは家康だと見抜いていたようだ。ただ、どちらも裏切り者の印象がついている。だが「忠臣は二君に仕えず」とするのは江戸時代の中期からで、戦国末期は「七度牢人せねば男ではない」ともいわれている。二人は、信頼できる主人を求めていたに過ぎなかった。そして、それが徳川家康であっただけのことである。

高虎は、幕府の依頼により、各地で城を普請した。安治は勇猛な戦いぶりと運の強さで、後世にその名を残した。また、二人は水軍の将として名高く、西国大名の動向監視にも力を注ぎ、豊臣恩顧の大名でありながらも、譜代と同様の扱いをされている。

大洲では、加藤氏の代に至っても、勤勉に努め、秀でた才能を持つ藩主たちによって文化が熟成されていった。

近世の大洲・大洲藩と歴代藩主

〝好学の気風〟の源流

元和三年（一六一七）七月、加藤貞泰《さだやす》は、百三十二人の家臣団とともに伯耆国米子《ほうきのくによなご》から伊予国大洲に移った。十三代にわたって大洲を統治した加藤氏は、文武両道を推奨した。加藤氏に脈々と流れる文武の道は大洲に文化と経済の発展をもたらし、好学の気風を生んだ。六万石の小藩でありながら、大洲藩が幕末に活躍する源流は、歴代の藩主たちの生き方にあったのである。

泰温が企てた家史編纂が未完となったため、6代藩主・泰衘が15年をかけて全20巻を完成させた『北藤録』（加藤家蔵／大洲市立博物館保管）

勇猛果敢の藩祖・加藤光泰《みつやす》

大洲藩主・加藤氏の歴代略伝や系譜を収録した『北藤録《ほくとうろく》』では、初代藩主・貞泰の父・加藤光泰を大洲藩祖としている。

光泰は美濃国主の斉藤竜興《たつおき》に仕えていたが、織田信長に敗れたため、羽柴秀吉の家臣に迎えられた。元亀二年（一五七一）、信長が浅井長政《あざいながまさ》を攻撃した「小谷城《おだにじょう》の戦い」では、光泰が守る近江の横山砦を浅井勢が襲った。光泰はたった一人で槍を取って戦い、竹中半兵衛に救われたものの、左の膝口に深手を負い、そのために普通の歩行が難しくなった。

「三木城の攻略」「備中高松城の水攻め」「山崎の戦い」で、秀吉の勝利に大きく貢献した光泰は、丹波国周山城《たんばのくにしゅうざんじょう》一万五千石を与えられ、以後、近江国《おうみのくに》貝津城二万石の加増、近江国高島城主、尾張犬山城主、佐和山《さわやま》城主へと出世の階段を上っていく。天正十八年（一五九〇）の

加藤光泰（龍護山曹渓院蔵）

「小田原攻め」では、甲斐《かい》二十四万石を与えられた。

文禄元年（一五九二）の朝鮮出兵で、光泰は先遣軍を援護する五将の一人となる。この戦いで、加藤清正が漢城《ソウル》攻略の後、味方の陣に戻れなかったことがあり、諸侯らは乏しくなる兵糧に耐えかねて漢城を離れようとするが、光泰はただひとり「砂を食えばよい」と反対し、反発する石田三成に「わしが生きて帰れば、この話を秀吉公に伝えよう」と言い放った。そののち、清正は戦陣に帰ってきた。

『北藤録』には、光泰の死は三成の毒殺によるものと書かれている。朝鮮との和談が成立すると、三成は光泰を宴《うたげ》に誘った。重臣たちの制止をふり払って出かけていった光泰は、宴の後、食べものを全て吐き、病床に伏せた。駆けつけた清正に、光泰は仇を討とうとする家臣の暴挙を止めてほしい、自分の亡き後、軍勢を率いて帰国してくれと全てを託した。清正は光泰の遺言どおり軍勢を率いて帰国するが、このことを知る清正ら武断派の家臣と、石田三成、大谷吉継ら文治派との間に深い溝が生まれた。

光泰は片鎌槍《かたかまやり》の達人として知られていたが、一方では『論語』『孟子』に親しむ篤《とく》学《がく》の士でもあった。加藤家に流れる文武両道の血筋は、光泰ゆずりのものである。

わずか七年の藩政だった 初代・貞泰《さだやす》

貞泰は、天正八年（一五八〇）、光泰の次男として生まれ、文禄二年（一五九三）

加藤貞泰（龍護山曹渓院蔵）

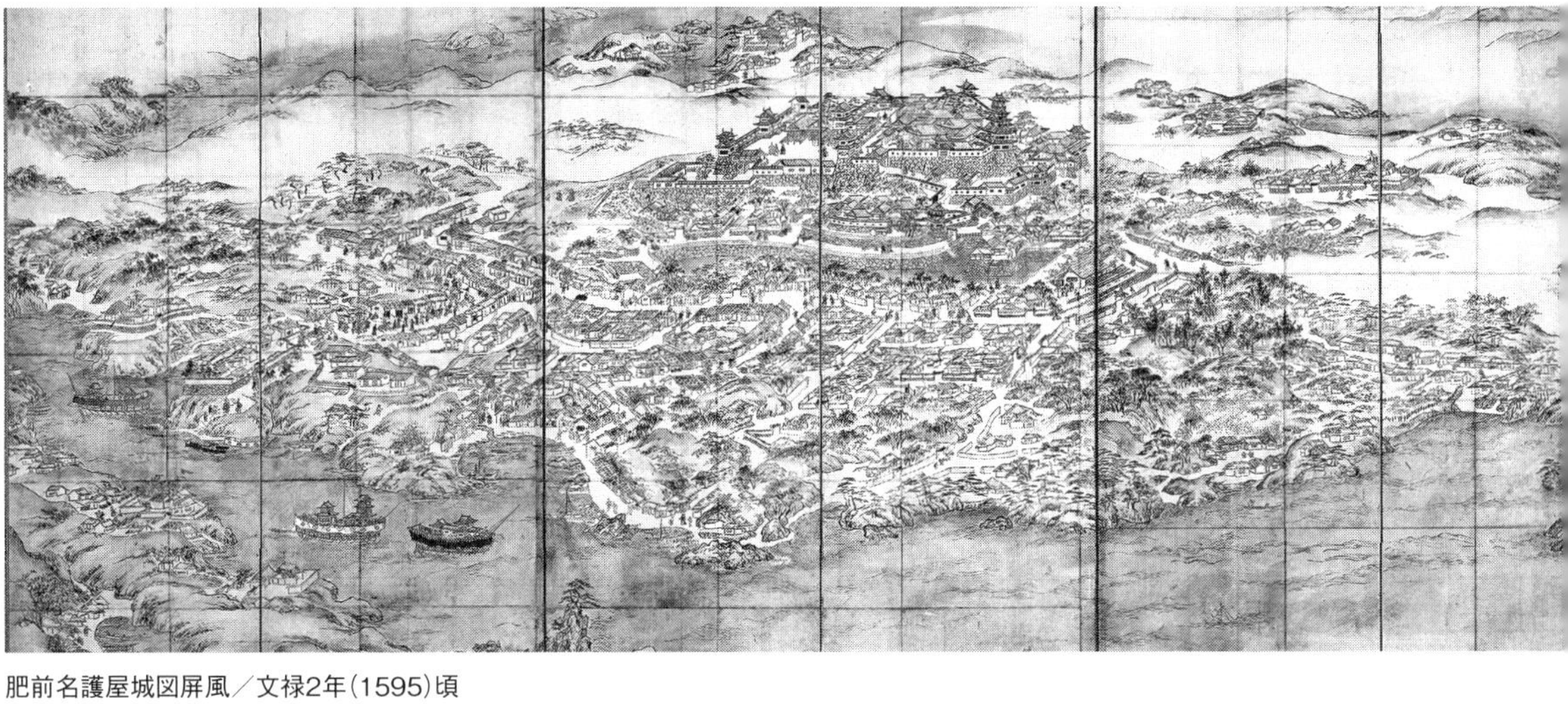

肥前名護屋城図屏風／文禄2年（1595）頃
秀吉が朝鮮出兵の中心拠点として、肥前国（佐賀県）に築いた名護屋城とその周辺を描いた絵図（佐賀県立名護屋城博物館蔵）

に父の光泰が朝鮮で死去したため、美濃《みの》国黒野《くにくろの》に所替となった。三成が秀吉に「貞泰は幼少だから甲斐を治めるのは無理」と進言し、甲斐国二十四万石から美濃国黒野四万石になったという説もある。

慶長五年(一六〇〇)の「関ヶ原の戦い」では、当初、貞泰は西軍(豊臣)につくが、三成が挙兵したのを聞くと東軍(徳川)に寝返り、井伊直政の指揮の下に入って、大垣城攻め、水口城攻めなどに参加した。

慶長十五年(一六一〇)七月、貞泰は二万石加増されて伯耆国米子六万石の領主となり、「大坂冬の陣」「夏の陣」の軍功によって伊予国大洲へ転封となる。

元和三年(一六一七)八月五日、貞泰は大洲に到着した。貞泰は藩体制の確立に努めるが、大洲を治めることわずか七年で江戸において病没する。

貞泰は詩・和歌・連歌をたしなみ、八条流馬術の秘伝を受けて、父ゆずりの文武両道を貫いた。

藩体制の確立に貢献した二代・泰興《やすおき》

元和九年(一六二三)、貞泰のあとを受けたのが、わずか十三歳の泰興であった。元和八年(一六二二)に徳川将軍秀忠と家光に謁見《えっけん》し、翌年七月に上洛していた秀忠・家光のもとを再び訪れて、大洲六万石の相続が許された。その際、弟・直泰に一万石が分与される。のちの新谷《にいや》藩である。

加藤泰興(如法寺蔵)

泰興は、藩体制の確立という命題を円滑にこなした。家臣団を充実させ、軍備強化を図るなど、藩政の確立と強化に努めている。

寛永十一年(一六三四)、蒲生忠知《がもうただとも》の病死により改易となった松山藩の「城在番」を引き受けた泰興は、幕府へ領地交換を願い出て、大洲藩の飛び地である風早郡・桑村郡五十七カ村と松山藩の伊予郡・浮穴郡の三十七カ村との交換を行った。しかしこの交換で、漁場の権利をめぐっての網代《あじろ》紛争や、薪の権利を争う入会《いりあい》紛争がたびたび起きるようになった。

月窓《げっそう》と名乗った泰興は延宝二年(一六七四)に隠居し、書や画を楽しむ風雅三昧の境地に身を置いた。槍術と馬術にも長じており、当時の剣聖・柳生但馬守宗《やぎゅうたじまのかみむね》矩《のり》と親しく、将軍の前で石の手水鉢《ちょうずばち》を槍で突き、舌を巻かせた逸話も残っている。

紺糸威桶側二枚胴具足(こんいとおどしおけがわにまいどうぐそく)
2代藩主・泰興が、島原の乱の際に用意したと伝えられる。鵜の羽毛を植え込んだ長烏帽子形兜(如法寺蔵／愛媛県歴史文化博物館保管)

泰興と中江藤樹と盤珪《ばんけい》

大洲藩家臣に、のちに日本陽明学の祖として知られる中江藤樹がいた。元和八年、藤樹は家禄百石を相続し、十九歳から郡《こおり》方の役人に登用されている。

元和九年から泰興の弟・加藤直泰付けの家臣に配属された藤樹は、寛永十一年、帰郷のために辞職を願い出たが拒否され、やむなく脱藩の道を選んだ。近江国小川村へ帰った藤樹は、のちに陽明学を確立し、近江聖人とも呼ばれた。

泰興は、藤樹が去った後、藩士たちが藤樹のもとへ勉学に行くことを黙認した。藤樹の思想は、大洲藩の教育にも大きな影響を及ぼしている。幕末期に大洲藩が勤王藩となったのは、その影響かもしれない。

槍の名手であった泰興は光泰伝流の加藤家槍術を開くが、槍の極意を得るために禅僧・盤珪に帰依《きえ》し、「槍禅《そうぜん》一如《いちにょ》」の境地を目指した。盤珪の禅は「不生禅《ふしょうぜん》」と呼ばれる。生まれ持っての仏心がある人間は、自分の仏心を理解すれば迷いがなくなり、涅槃《ねはん》の境地に至ると説いた。明暦二年（一六五六）、泰興は盤珪を大洲に招いた。富士山《とみすやま》にあった廃寺の跡地に新しく如法寺《にょほうじ》を開山し、寛文十二年（一六七二）に完成させた。盤珪は大洲を幾度も訪れ、如法寺での説法を通じてその教えを広めた。

能画家として知られる三代・泰恒《やすつね》

三代藩主・泰恒は泰興の孫で、延宝二年（一六七四）に十八歳で藩主となった。

元禄十四年（一七〇一）、江戸城松の廊下で刃傷沙汰《にんじょうざた》に及んだ赤穂藩藩主・浅野長矩《ながのり》とは食事をするほどの仲で、吉《き》良《ら》上野介義央《こうずけのすけよしなか》への愚痴を受け止め、長矩の短気を諫《いさ》めたという。『北藤録』には「泰恒の諫言《かんげん》赤穂義臣伝等の書にも記せり」と書かれている。

泰恒は能画家として広く知られていた。狩野常信《かのうつねのぶ》門下で絵を学び、仏画・武者絵を得意とした。当時の三百諸侯のうちで、豊後国日出《ひじ》藩の木下俊長とともに画道の両雄とうたわれた。その画名が宮中まできこえ、京都の仙洞御所《せんとうごしょ》に三幅対の富士・鷹図を献上している。泰恒は、絵画は

3代藩主・泰恒が描いた盤珪（頂相・如法寺蔵）

日本陽明学の祖であり、「近江聖人」と称えられた中江藤樹（大洲市立博物館蔵）

赤糸威胸白二枚胴童具足
（あかいとおどしむねしろにまいどうわらべぐそく）
3代藩主・泰恒所用のもの。陣羽織に吉祥紋が用いられ、泰恒の元服を祝したものを考えられている（愛媛県歴史文化博物館蔵）

もちろん、禅、能、和歌、書、易、茶道、香道にも通じていた。臥龍《がりゅう》山荘のある景勝地を「臥龍」と名付けたともいわれている。

財政難や飢饉、一揆に苦しめられた時代

四代藩主・泰統《やすむね》は泰恒の二男で、正徳五年（一七一五）に二十六歳で家督を相続した。泰統の代には、幕府への奉仕や普請、災害の頻発で、藩の財政が悲鳴をあげた。そこで藩財政を立て直そうと、税制を定免《じょうめん》制に改革している。

五代藩主・泰温《やすあつ》は泰統の長男で、享保十二年（一七二七）に十二歳で家督を相続し、三十歳で逝去した。

享保十七年（一七三二）は城下町の火災に加え、享保の大飢饉も起きた。泰温は藩の増収のため、和紙に加え木蠟の生産も始めている。また陽明学者の川田雄《かわだゆう》琴《きん》を招き、陽明学の教えを説かせた。

六代藩主・泰衑《やすみち》は、将軍・徳川吉宗の小姓をつとめたこともあり、『北藤録』全二十巻や『温故集《おんこしゅう》』の完成など、大洲の文化に大きく貢献した。先代・泰温の遺志を継ぎ、藩校・止善書院明倫堂《しぜんしょいんめいりんどう》を完成させている。

こうした財政困窮のさなか、藩内では寛延三年（一七五〇）に内ノ子《うちのこ》騒動が起こる。貢租軽減を訴える農民たち一万八千人が集団蜂起。大洲藩は訴えのほとんどを受け入れ、首謀者の追及をしないことで解決をみた。その後首謀者は捕まえられたが、泰衑は帰城後に全員を放免にしたという。

藩主の早逝が続くが、藩・中興の祖が誕生

五代・泰温の二男である泰武《やすたけ》が宝暦十二年（一七六二）に七代藩主となるが、二十四歳で江戸に没した。また、明和五年（一七六八）に八代藩主となった泰行《やすゆき》は、わずか一年で死去してしまう。九代藩主・泰候《やすとき》は六代・泰衑の四男で、明和六年（一七六九）に十歳で家督を相続した。

泰候は砥部《とべ》での磁器生産を命じた。これらには専売制がとられ、生産者・問屋・卸商・小売商には運上《うんじょう》銀や冥加《みょうが》銀といった税が課せられた。泰候は江戸で二十八歳の命を閉じている。

十代藩主・泰済《やすずみ》は泰候の長男で、天明七年（一七八七）にわずか三歳で家督を相続した。のちに寛政の改革を行う松平定信の正室が伯母にあたるため、定信から可愛がられた。享和二年（一八〇二）、泰済は定信の娘を妻とし、生まれた娘は定信の養女になった。泰済は定信の薫陶よろしく、幼い頃から学問を深究し、のちに〝学者大名〟の異名を得ている。

泰済の代には水害や火事などの災害が多発した。また幕府の公役で藩財政は

苦しく、泰済は抜本的な改革が必要だとして領内の改革を断行。藩機構の整理縮小と紙・木蠟・綿実油《めんじつゆ》などの殖産策、厳しい倹約令など財政再建に努め、藩財政はようやく安定した。

十一代藩主・泰幹《やすもと》は泰済の長男で、文政九年（一八二六）に十四歳で家督を相続し、父親譲りの倹約と産業振興策を進めた。天保十三年（一八四二）には父が出版を決意した『韓魏公集《かんぎこうしゅう》』（十七巻）の刊行を継承。他藩には見られない多くの著作・刊行や、学問奨励・藩学振興によって、藩内に向学の機運が高まった。

不作による財政難には、倹約令や藩士への借上、藩経費の削減などで対応。領内を回って民衆と親しく接する藩民政策や、藩校の充実など、文化振興も図った。

勤王の立場を表明した幕末の藩主

十二代藩主・泰祉《やすとみ》は泰幹の長男で、嘉永六年（一八五三）に十歳で家督を相続。『防海策』を著し、攘夷と勤王の立場を表明している。泰祉が藩主となった嘉永六年はペリーが浦賀に来航した年で、翌年には「安政の大地震」が発生。大洲城にも被害が及んだ。

病気がちだった泰祉は二十一歳で死去し、元治元年（一八六四）、十三代藩主となった弟の泰秋《やすあき》は、勤王の方針を受け継ぎ、幕末には勤王方として戦った。

勤王藩として知られた大洲藩や新谷藩からは多くの人材が明治政府に登用され、政治や経済の場で活躍した。その成果は、代々の藩主に脈々と流れる文武と好学の気風を源流とするものであった。

新谷藩の藩主

大洲藩初代藩主・加藤貞泰は、六万石のうち一万石を二男・直泰に分知することを約束していた。そこで元和九年（一六二三）に分与されるものの、双方の思惑違いによるいざこざも起こった。大洲藩は六万石、直泰は大名として取り扱われることで決着。新谷藩が誕生したのは寛永十九年（一六四二）のことである。以後、大洲二代藩主・泰興《やすおき》の孫である泰觚《やすかど》を二代藩主とし、幕末まで九代続いた。

新谷藩最後の藩主・泰令《やすのり》は、文久三年（一八六三）に京都滞在命令を受け、幕末の動乱の中で活躍。のちに子爵となった。大洲藩と歩調を合わせ、勤王藩の道を進んだ新谷藩は一万石の小藩だが、時代を見る確かな目を持っていたというべきだろう。

麟鳳閣（りんぽうかく）
幕末の慶応4年（1868）に建築され、評定所（ひょうじょうしょ）や謁見所（えっけんしょ）の役割を果たした。現在新谷小学校内にある
（大洲市立博物館提供）

大洲城の謎「誰が築城したのか」

城が、いつ誰によって創建されたのか――
それが、文書《もんじょ》などにはっきりと記されている城とそうでない城がある。
また城は、城主が変わることによって改修されたり、
新たに建て替えられたりもする。
最後の城がいつの時代のものか判定するのは、容易ではない。
大洲城もそんな〝謎〟に包まれた城のひとつだったのだが、
近年「移築説」が浮上し、主流になりつつある。

創建について、どんな説があったのか

「大洲城は、築城の名手として名高い藤堂高虎によって築かれたものである」。

歴史書や城郭の本、観光パンフレットに至るまで、長年、大洲城の説明はこのように書かれていた。その理由は、なんだったのだろうか。

大洲城に関する研究は戦前からされていて、昭和十二年には郷土史家の城戸通徳氏が「大洲城史」という論文を発表し、その築城は戸田氏、藤堂氏、脇坂氏の三氏によるもので、なかでも藤堂氏が果たした役割を特に重視していた。しか

大洲城本丸の西側石垣。大規模な高石垣で隅部が明確に現れている。それに対し、東側石垣は高さや技術面で劣り、石材も小さいため、時代が異なっている

し、天守創建について具体的な指摘はしていない。

昭和十八年には、建築史家の城戸久氏が「伊予大洲城天守考」で、天守の各階の平面について具体的に考察し、心柱《しんばしら》についても触れている。天守の意匠や構造上の特徴から創建時期を明らかにしようとした画期的な研究で、具体的に慶長末年から元和初年の造営と指摘し、創建者は脇坂氏と推定していた。

その後、平成五年に広島大学の三浦正幸氏が、「伊予大洲城天守雛型と天守復元」を発表し、天守雛形の精査をもとに縮尺を推定し、一間の基準寸法が六尺五寸であることを明らかにした。創建時期については三浦氏も城戸久氏の結論を肯定している。

大洲城天守復元設計をした宮上茂隆《みやかみしげたか》氏は、創建を慶長末年、天守自体は移築したものと推定し、移築元は淡路の洲本城とする仮説を提示した。移築説については、歴史学の立場から三重大学の藤田《ふじた》達生《たつお》氏も同様の説を展開している。

藤堂高虎は、なぜ「築城の名手」といわれるのか

歴史から見ていくと、高虎の治世は文禄四年（一五九五）から慶長十三年（一六〇八）まで十三年間におよぶ。慶長元年（一五九六）に本拠を板島（宇和島）に移すと、天守や高石垣を持つ近世城郭にするため、すぐに板島城の普請を開始し、五年間、板島に居城した。

宇和島城三層天守。宇和島藩2代藩主・伊達宗利が新造したもので、全国に12ある現存天守のひとつ（宇和島市教育委員会提供）

やがて一万石を加増された高虎は、大洲城を得た。この当時、大洲は蔵入地《くらいりち》（秀吉の直轄地）で、高虎はその代官として治めていたため、板島城築城のあいだ板島は父の虎高に任せ、大洲城に居城した。

関ヶ原の戦いで徳川方に付き、東軍の将として活躍した高虎は、伊予半国二十万石に加増され、新たに今治城を築いた。今治城は慶長七年（一六〇二）に着工し、同九年には普請（土木工事）がほぼ完了。この城は海浜に立地する大規模平城《ひらじろ》で、「層塔型《そうとうがた》」天守、枡形《ますがた》、虎口《こぐち》など、城郭建築上、革新的なものが多く含まれていた。

高虎が得意としていたのは、城単体の設計というより、城郭を中核とした城下町の設計であった。歴戦の武将として攻防に精通していたこともあるが、若い頃、織田信長や秀吉の築城に関わり、石垣普請の職能集団として知られる近江国坂本の石工集団・穴太衆《あのうしゅう》たちと関係を

今治城は、瀬戸内海を東進する豊臣援護軍を阻止するため、軍船がいつでも出動できるよう船入（軍港）を城内に持った海城である（今治城提供）

築き、羽柴秀長に仕えていた時代には大和（奈良）の大工衆とも人脈を持っていた。その人脈には、のちに徳川家康をして「代わりがいない」と言わしめ、将軍家の「大工頭」となった中井正清《なかいまさきよ》がいた。高虎は正清と共に徳川方城郭の作事《さくじ》にあたり、江戸城、膳所《ぜぜ》城、丹波篠山《たんばささやま》城、二条城の縄張りなどを行ったことから、築城の名手といわれた。

大洲城の「高虎築城説」は、そうした「天下普請」と呼ばれる幕府の直轄工事はむろんのこと、自らの城である宇和島城や今治城、津城など、数多くの城造りをした築城の名手であったことから生まれたと思われる。

城の移築は普通のことだった

高虎が今治に移ると、大洲には高虎の養子・高吉《たかよし》が入城した。

慶長十三年（一六〇八）、高虎は二十二万九百石余りを与えられ、伊勢（三重県）の津に移った。大洲は、翌年に脇坂安治が入城するまで、引き続き藤堂氏が管理した。

脇坂は高虎と同じ近江国（滋賀県）出身の武将で、秀吉の家臣として数々の合戦で活躍した。関ヶ原の戦いでは西軍（豊臣）から東軍（徳川）に寝返り、慶長十四年（一六〇九）に淡路洲本《あわじすもと》から喜多《きた》・浮《うけ》穴《な》・風早《かざはや》三郡に五万三千五百石を封じられ、大洲の城に入った。

このとき、転封と同時に廃城となった洲本城本丸から、大規模な建造物の移築を行い、大洲城を大改修したとするのが、近年の学説である。

「淡路島から大洲へ？」という疑問は、至極当然のように浮かんでくるが、当時、城郭の移築は頻繁に行われていた。のちに、高虎が築いた今治城天守が、家康の天下普請に応えて京都へ移され、丹波《たんば》亀《かめ》山城《やまじょう》となったが、このときは解体した部材を船に乗せ、瀬戸内海から淀川を遡《さかのぼ》り、桂川を経由して運んでいった。

したがって、淡路島の海岸近くにある洲本から瀬戸内海を通り、肱川を遡って大洲の川岸に着け、小丘に運び上げることはさほど困難なことではない。むしろ、物を最も大量に運ぶことができるのは昔も今も船であり、川の水量も上流にダムがある現在とは比較にならないほど多かったはずだから、水運を利用した城の移築は十分可能、というより、むしろ大洲は好立地であったかもしれない。

城づくりイノベーション「層塔型」天守

　慶長十五年（一六一〇）、今治から移築されて丹波亀山城となった城は「層塔型」天守といわれるもので、これ以降、この形の天守が増えていった。

洲本城趾。三熊山山頂に天守台があり、大石段や「登り石垣」と呼ばれる石垣が見られる（洲本市教育委員会提供）

丹波亀山城古写真（美田村顕教撮影／亀岡市文化資料館提供）。破風のない、塔のような外観となっている

　日本の各地に建つ天守は、慶長年間の中頃まで、一層か二層の入母屋造《いりもやづく》りの大屋根の上に物見櫓《ものみやぐら》を載せた「望楼型《ぼうろうがた》」天守と呼ばれるものだった。望楼型は層塔型と比べて階数が少なく重量が軽いため、建築物の基礎に当たる天守台（天守が載る石垣）が少々いびつだったり、石垣の普請が不完全だったりしても建てることができた。そのため、初期の天守にはこの形が多かったのだが、複合建築物なので建築に手間がかかり、移築する時も大幅な改造が必要だった。

　一方、層塔型天守は心柱や通し柱を使用して何層にもなっている。その重さに耐えられる、頑丈で正確な形の天守台を造る技術は必要だったが、下の階より規則的に小さくした上の階を順番に積み上げる単純な構造だったので、用材の規格化が簡単で工期も早かった。むろん移築するのも簡単である。今治城天守を移築できたのも、層塔型であったためだった。

　徳川幕府は、慶長末から寛永年間にかけて巨大な城郭を短期間で築き、一時期〝城ブーム〟が起きた。むろんその背景には、手伝普請《てつだいふしん》という外様大名に対する強制的な動員があったのだが、単なる人海戦術だけでなく、城づくりイノベーションともいうべき技術革新や、石割り・石積み技術の進歩があったからこそ、可能になったといえる。

豊臣恩顧《おんこ》の大名たちを監視する城郭網

　関ヶ原の戦いの後、高虎は徳川政権樹立のため、家康の築城顧問として大坂包囲網を形成するための政治行動を始めた。単に豊臣秀頼を封じ込めるというだけでなく、四国・中国・九州の豊臣恩顧大名の監視のため、広範な城郭網をつ

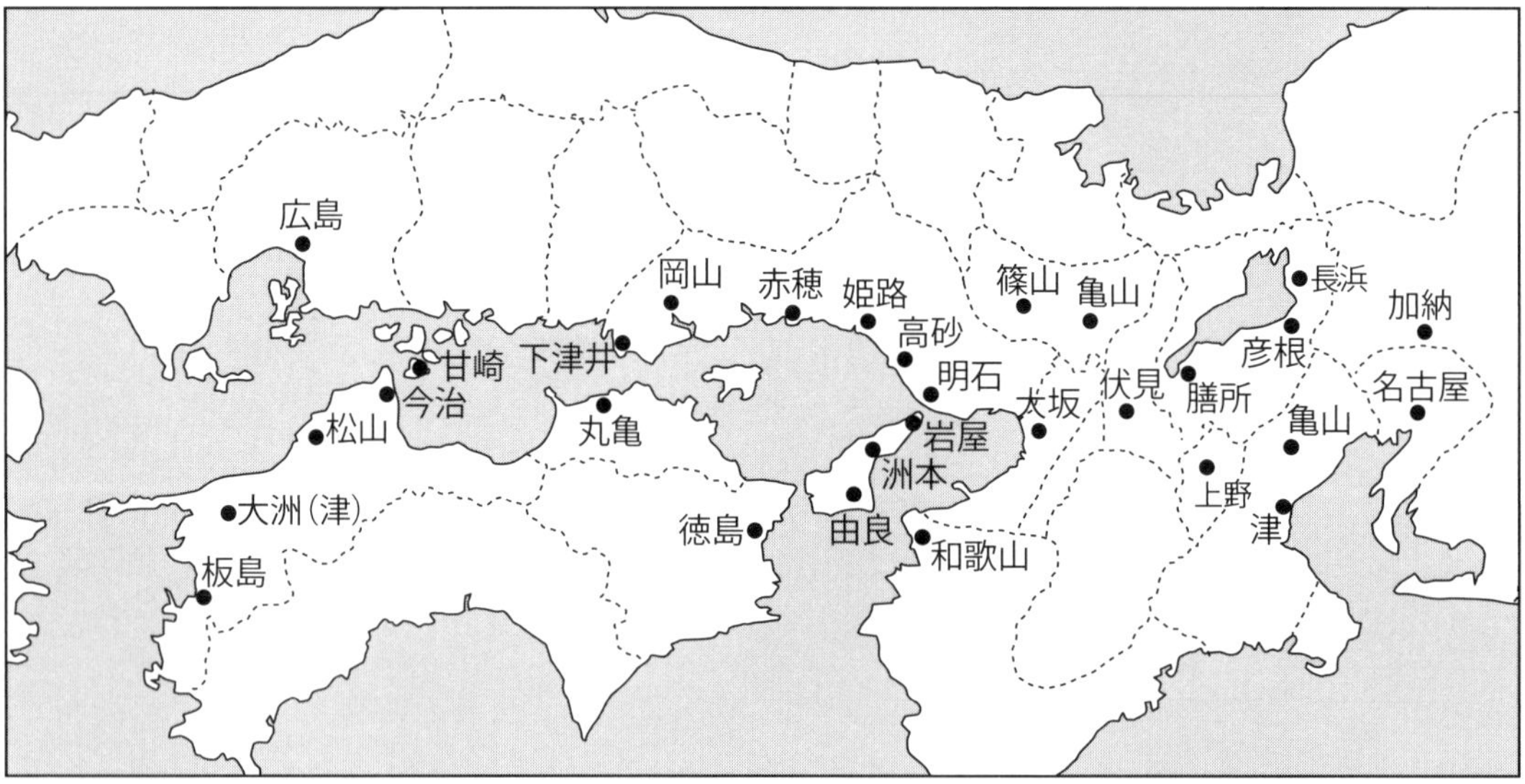

「大坂包囲網関係図」
徳川家康が豊臣氏と豊臣恩顧大名を封じ込め、広域監視体制を構築するため、国替や城郭の築城、改修、移築などが行われた

くっていった。

安治は高虎と懇意で、朝鮮出兵でも行動をともにし、関ヶ原の戦いで東軍へ寝返ったのも高虎が誘ったためだった。大洲への転封も高虎が家康に進言したためと思われる。

高虎が大坂包囲網を実現するうえで、東国方面から紀伊半島を越え、紀淡《きたん》海峡に進入する勢力に備えて配置された洲本城は目障りな存在であった。安治は徳川側に寝返ったとはいえ、大坂冬の陣のときは秀吉への旧恩を思い、自ら陣には加わらず、子の安元に出陣させたほどである。安治に対し、加増を条件に大洲への転封に応じさせ、洲本城を移転させたのではないかというのが、三重大学の藤田達生氏による脇坂説の理由である。

大洲城天守復元に際し、その基本設計を行った宮上茂隆氏も、洲本城の天守台や周囲の石垣の寸法を調べ、大洲城の

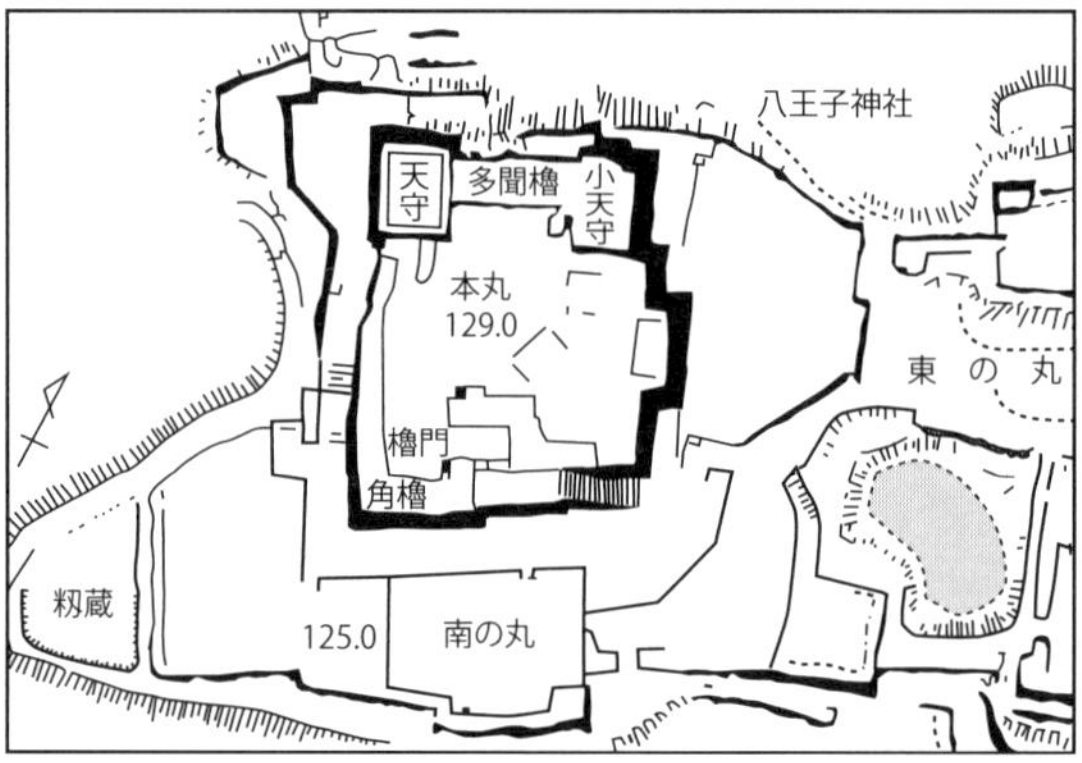

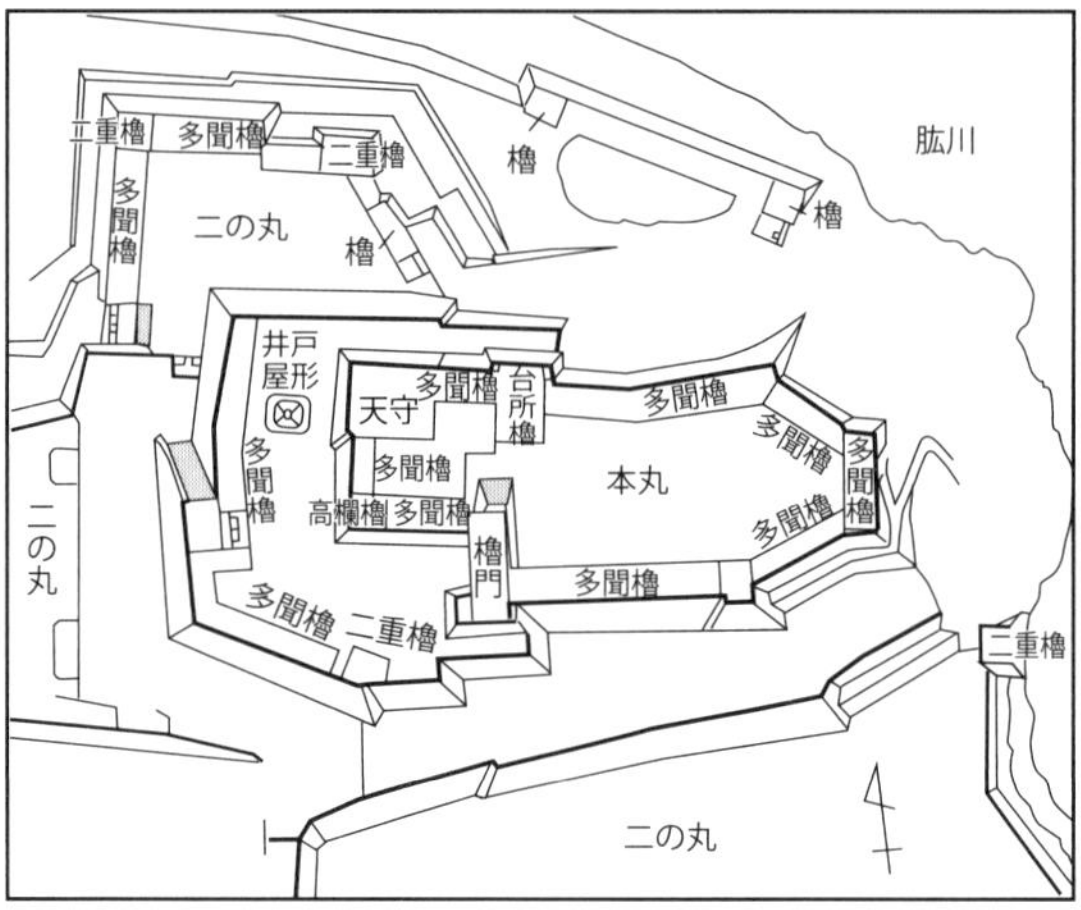

洲本城本丸(上)と大洲城本丸(下)平面図。洲本城天守、小天守、本丸隅櫓、櫓門と、大洲城天守、台所櫓、高欄櫓、櫓門との規模がほぼ等しい。向きは地形や監視先により異なっている

天守台や台所櫓、高欄櫓下の石垣の寸法とほぼ一致し、各建造物の規模、多聞《たもん》櫓《やぐら》で各櫓をつないでいる類似点から、大洲城天守は脇坂が洲本城から移築したものではないかと分析している。

むろん、地形に合わせて変えたところもあれば、戦略上の理由で、天守の向きや櫓門の配置を変えたところもあり、まったく同じというわけではない。洲本城天守は、大坂城をめざし紀淡海峡を北上しようとする勢力を睨む方角を向き、大洲城は瀬戸内海から肱川を遡《さかのぼ》ってくる勢力を睨み、敵が天守を見上げた時、最も威圧感がある向きにしている。

発掘調査から分かったこと

平成十一年、大洲城の天守復元に伴い、天守台の発掘をすると、さらにその下の層から別の天守台の基礎と、菊紋瓦が出てきた。

この天守台の基礎は藤堂期以前と考えられるが、現時点で時代は特定されていない。また菊紋瓦も、秀吉の許しが得られた城にだけ用いられるものであったことから、秀吉の直臣・戸田勝隆、もしくは藤堂高虎が築城した大洲城の遺構と推定された。

これらから判断して、明治時代まで残った大洲城天守は、高虎の後任大名となった脇坂安治が移築したもので、それが徐々に近世城郭へと整備されていったのではないかという説が有力になりつつある。

安治が入城した慶長十四年（一六〇九）は、日本全国で二十五棟もの天守が造られたと伝えられる城ブームの年である。しかしその反動のように、子の脇坂安元の時代には、「一国一城令」や「武家諸法度」などが相次いで出され、新たに天守を築造することは極めて難しくなった。これらのことからも、大洲城天守が創建されたのは元和元年（一六一五）までと考えられ、それはまさに安治が家督を譲った年なのである。

1

2

3

1／明治21年（1888）に取り壊された天守の遺構。礎石はその多くが持ち去られ、わずかに6石が残っていた

2／菊紋瓦の出土状況。菊紋は豊臣秀吉から従五位下以上の城主に使用が許された紋様とされる

3／天守台の内部で発見された基礎石列。一時期古い天守の跡と考えられる

藩の財政を支えた大洲藩の特産品

藩財政の窮乏を救った特産品

大洲領は宝の山であった。楮《こうぞ》から和紙、櫨《はぜ》の実から木蝋《もくろう》、砕いた砥石《といし》から磁器と、藩領から産する原料をもとに、生活必需品に変身させた。これら大洲の特産品は、大洲藩士と農民たちの尽力によって全国に知られる良品となり、藩の財政難を救う役割を果たした。

財政難を救うための殖産策

江戸時代中期から、多くの藩で財政が破綻し始める。朝鮮通信使の江戸宿坊馳走役や江戸城の修理、東海道筋の河川普請など、幕府からさまざまな支援を命じられ、そこに旱魃《かんばつ》や暴風、火災などの災害が頻発すると、ただでさえ危うい財政が破綻寸前になる。そこで新しい財源確保のために殖産策が取られた。

山間部の多い大洲藩では、山から採れる木々や果樹などを加工してできる特産品に着目した。大洲藩の特産品は、和紙と木蝋、磁器である。藩は、これらの生産を保護し専売制にすることで、自由な商品取引を規制し、生産者から安い値段で商品を買い占めて、藩への収入を増やそうと画策した。これらは生活必需品であり、商人層の富裕化に伴って需要が増え続けていたためである。

江戸後期につくられた砥部焼。左は染付牡丹文徳利、右は染付鯉文徳利（ともに上原窯 仲田克冶氏蔵）

藩が推奨した大洲和紙

大洲の和紙は、平安時代の『延喜式《えんぎしき》』などにその存在が記されているほど起源が古い。山間に自生する楮を原料にし、農家が農閑期の産業として、細々と紙を漉《す》いていた。

寛永年間（一六二四～四四）、二代藩主・加藤泰興《やすおき》は土佐の浪人・岡崎次郎左衛門を登用し、五十崎《いかざき》に仕事場と道具を与えて御用紙を漉かせた。次郎左衛門の先祖は長宗我部家に仕えていたといい、次郎左衛門の子孫が代々藩の御用紙職人をつとめた。また元禄年間（一六八八～一七〇四）、越前から四国遍路に六部《ろくぶ》（巡礼僧）として五十崎に来村した宗昌禅定《しゅうしょうぜんじょう》門《もん》が、紙漉きの技術を伝えたともいう。

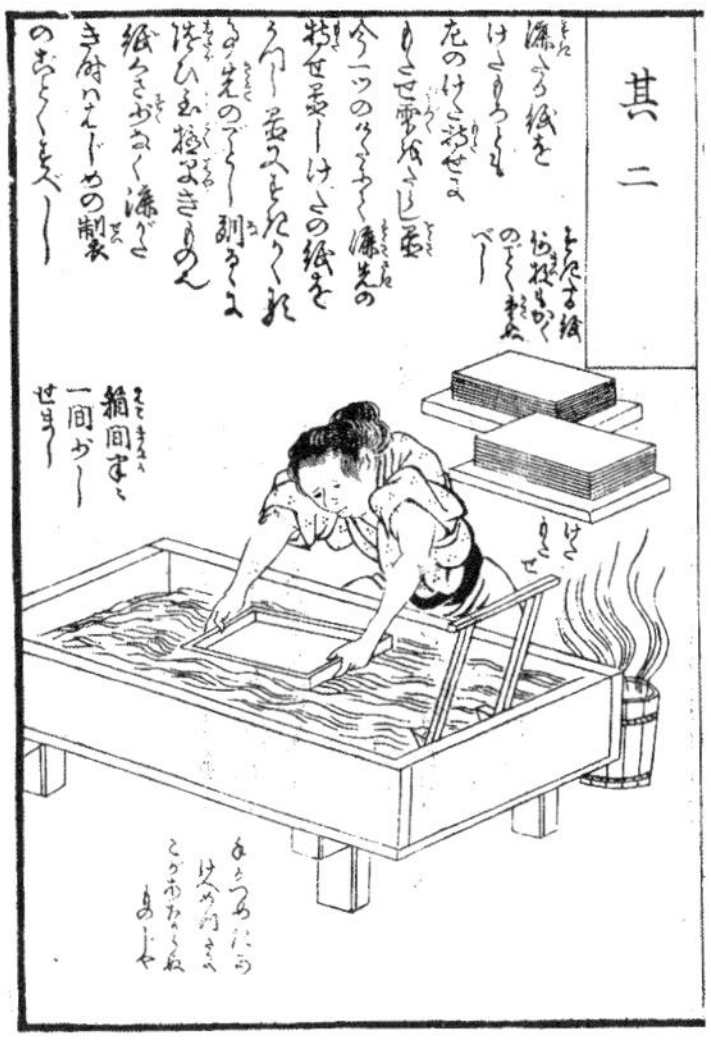

楮の繊維にトロロアオイで粘りをつけ、紙を漉く。冬場に漉くと良質の紙になるといわれ、厳しい作業であった（『紙漉重宝記』国立国会図書館提供）

大洲藩は、領内で産出する和紙を紙問屋や紙仲買の手に委ねた。藩の財政を潤すために、楮《こうぞ》苗を土佐から購入して地場産業である製紙業を奨励した。紙の品質確保と生産量の増大を目標に、楮の栽培を拡充したのである。

宝暦年間（一七五一～六四）には大洲和紙が隆盛を極めた。大洲藩の収入の八割を占めていたといわれ、天明年間（一七八一～八九）には染紙の技法が開発され、大洲和紙の名は全国に広まった。

この時代には、藩の船で大坂の問屋と交易を始めている。楮の他所売りを禁じるため、楮《こうぞ》役所や紙役所を藩内に設けて、楮苗や紙の密売を監視した。しかし、こうした統制や問屋・商人の横暴に対して農民たちの反感が高まり、一揆が起こり始めると、藩は農民の要求を受け入れた。これには、藩財政の基幹をなす紙産業を守っていこうという目論見《もくろみ》があった。

櫨《はぜ》栽培と木蠟生産

行灯《あんどん》や蠟燭《ろうそく》は、ランプや電灯のなかった時代の夜を明るくする貴重な照明だった。蠟燭は、櫨の実から油を搾《しぼ》った木蠟からつくられる。櫨が落葉する頃、実を採り、むしろの上で実のついた枝を乾燥させて実だけを分離させ、櫨の実として蠟座に売る。蠟座では、櫨の実を粉砕して実と核《たね》に分け、これらを蒸して熱いうちに搾ると液が流れ出て凝固する。これが不純物を含んだ生蠟《しょうろう》で、この生蠟を精製して晒蠟《さらし》（白蠟）にする。

大洲藩では山に自生する櫨を原料としていたが、山間部の傾斜地に収穫量の多い唐櫨《からはぜ》を栽培するようになった。五十崎の綿屋長左衛門の弟・善六とその子・善太郎が、この生業を始めたといわれている。彼らは、安芸国可部《あきのくにかべ》（現・広島市）から甚平、長兵衛、新兵衛という三人の

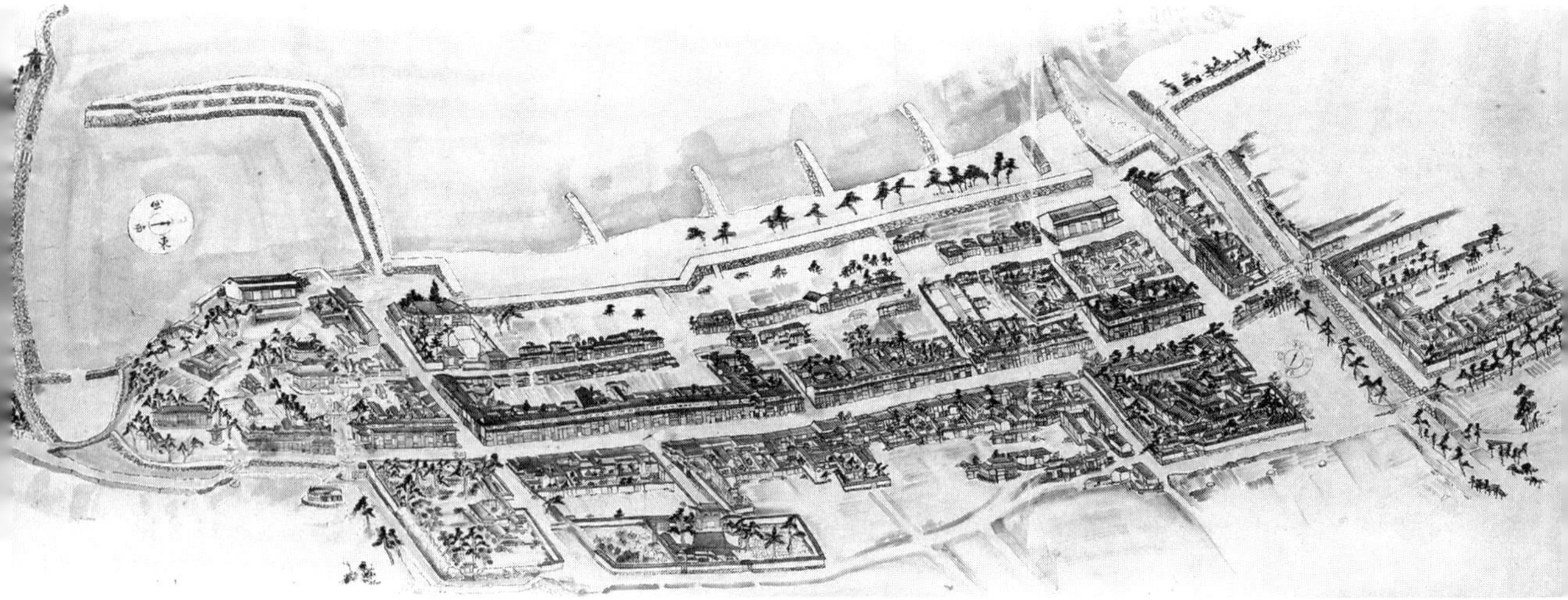

郡中市陌浜辺図（ぐんちゅうしはくはまべのず）／御替地で生まれた郡中。領内のさまざまな物資を集積し、港は大いに賑わった（伊予市教育委員会提供）

蠟打ちを雇った。そのうちの新兵衛は、晒蠟、蠟燭、鬢付《びんづけ》油製造の技術を持っており、上質の木蠟を製造できたのである。綿屋は御用蠟と鬢付を藩に献上し、木蠟を売った運上金を藩に納めた。綿屋の成功を見て、藩内の豪農たちも唐櫨を植えはじめた。

文久年間（一八六一〜六四）、内ノ子で画期的な技術が発案される。芳我《はが》家初代の弥三右衛門が、生蠟を白く美しい蠟に変える「伊予式箱晒法《はこさらしほう》」を発案した。この製法でつくられた蠟は評判になり、大坂、広島に限られていた木蠟の販路が関東圏にまで拡大し、芳我家は明治時代に日本一の製蠟業者となった。

砥石の屑石《くずいし》利用から始まった砥部《とべ》焼

砥部では昔から陶器がつくられていたという記録がある。『大洲秘録』には、砥部の大南村や北川毛村で焼かれていた「陶茶碗之類」を「トベ焼」と記している。元禄十一年（一六九八）、三代藩主・加藤泰恒《やすつね》は陶工・才兵衛に命じて梁瀬《やなせ》に登り窯をつくり、さまざまな器を焼かせた。この窯は宝暦年間（一七五一〜六四）まで使われ、大洲焼とも呼ばれている。

安永四年（一七七五）、九代藩主・泰候《やすとき》は奉行の加藤光敏に命じて、砥部で磁器をつくらせた。奉行は、麻生《あそう》の豪農・門田金治に磁器づくりを総括させ、杉野丈助を監督に充てている。砥部外山《とやま》で産出していた砥石の屑石を磁器に活用できないかと考えたのである。

藩は、砥石を販売していた大坂商人の和泉屋治兵衛の助けを借り、肥前《ひぜん》国大村藩の陶工・安右衛門ら五名を雇い入れた。五本松上原に窯《かま》を築き、外山産の砥石屑を原料に、二年半余りにわたって研究を続けた。失敗に次ぐ失敗の原因は釉《ゆう》薬《やく》の不良にあることがわかり、安永六年（一七七七）に筑前《ちくぜん》国より釉薬原料を取り寄せて完全な磁器づくりに成功する。

続く寛政年間（一七八九～一八〇一）には、三秋《みあき》村（現・伊予市）で釉薬の原料石が発見され、砥部で釉薬が自給できるようになる。また、文政元年（一八一八）には、川登《かわのぼり》（現・砥部町）から白色の陶石が発見され、大型水車で陶石を細かく粉砕する方法も試みられた。良質の原料から、より大量に優れた品質の磁器をつくることができるようになったのである。砥部の周辺には、窯の燃料として最適な赤松の森が拡がり、薪の入手が容易だったことも砥部焼発展の要因となり、幕末の頃には二十近くの窯が誕生した。

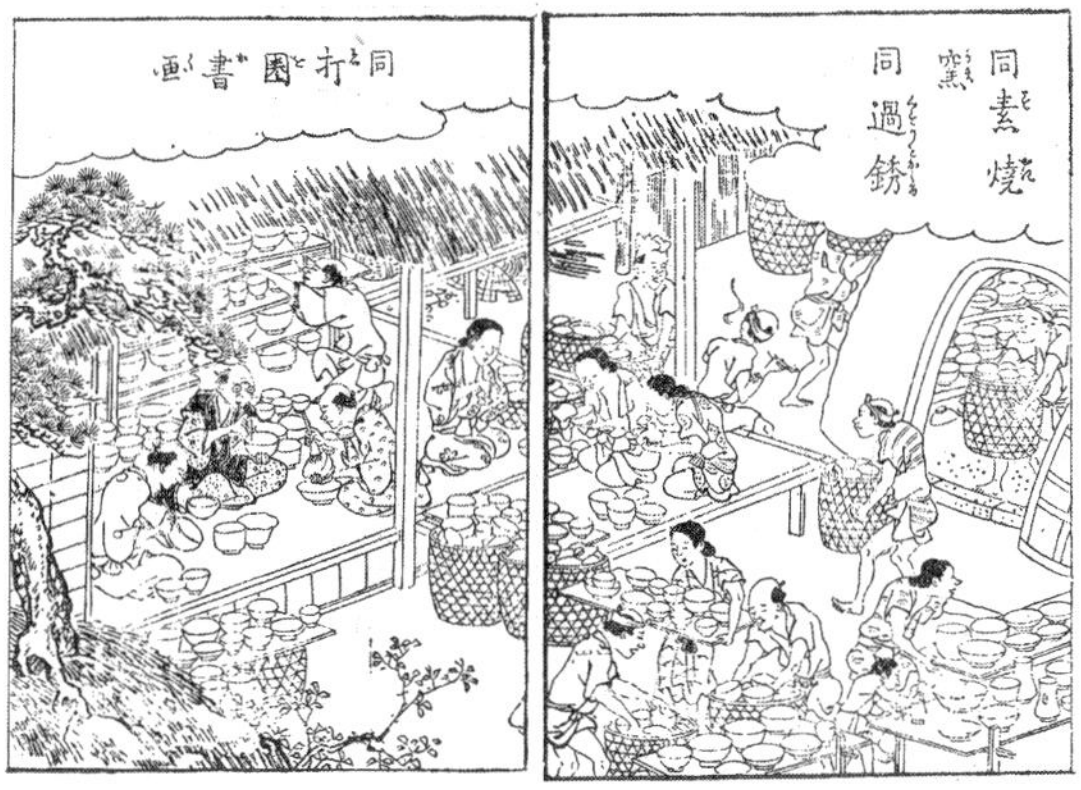

素焼きの製品に絵付けをする。砥部焼は呉須（ごす）と呼ばれる青い色の絵柄が描かれている（『日本山海名産圖會』国立国会図書館提供）

　砥部焼出荷のため、大洲藩は御替地代官を郡中《ぐんちゅう》（現・伊予市）に置いた。ここに砥部焼を集めて、大洲城下や郡中の問屋に販売させたので、砥部焼は自藩内だけの流通に留まらず、松山藩や大坂方面までも出荷されている。江戸時代、淀川を往来する大型船に対して飲食物を売っていた「くらわんか舟」の食器にも砥部焼が使われた。砥部焼を扱う窯元、問屋、卸商、小売商には、運上銀や冥加銀《みょうがぎん》が課されて藩の財政に寄与した。

藩財政に功を奏した殖産策

　大洲藩の特産品は、地元のみならず都市部でも販売され、広く人気を博した。こうした特産品の生産と販売が利益につながると見た大洲藩は、これらの生産販売を統制し、藩の専売とした。専売制を維持管理させるために、産物方、産物会所などと呼ばれる機関を設置。大坂などの大消費地に会所を設け、同地の有力問屋に商品の販売を任せた。

　これらの特産品は、藩が指定した業者しか取り扱うことができず、生産者は低い値段で商品を納めなければならない。業者との癒着が生まれ、安い価格に憤慨した農民たちの一揆も発生した。

　文化十年（一八一三）には、紙の積み出しによる利益によって大洲藩には一万両余りの貯えができた。嘉永二年（一八四九）には、紙だけの積立金で総額三万九千両にも達した。幕末の有名な経済学者・佐藤信淵《のぶひろ》は、その著書『経済要録』の中で「今の世の中で伊予の大洲和紙は厚くて幅も広く、天下を独歩する勢いである。多くの人に愛されるものは必ず国益にかなう。大洲藩政を執る人は経済道の要領を知っている」と大洲藩政を誉めている。

瀬戸内海の「海の道」

藩政時代、瀬戸内海に浮かぶ忽那《くつな》諸島のいくつかは大洲藩の領地で、参勤交代の中継地にもなり、海の大名行列が繰り広げられた。沿岸を伝《つた》うように航行する地乗《じの》りから、陸地を離れて航行する沖乗りへと航路が発達し、瀬戸内海は物流の海になっていった。そして幕末、欧米列強は海に必要な〝あるもの〟を幕府に要求した。

瀬戸内の航路の変化

関ヶ原の戦いによって覇権を握った徳川家康は、慶長八年（一六〇三）、江戸に幕府を開き、以後、伊予国には宇和島藩、吉田藩、大洲藩、新谷藩、松山藩、今治藩、小松藩、西条藩の八藩ができた。瀬戸内海に浮かぶ島々のうち、芸予《げいよ》諸島は松山藩領と今治藩領になり、忽那諸島は大洲藩領と松山藩領に二分された。

大洲藩領になったのは、睦月《むづき》島・怒和《ぬわ》島、中島《なかじま》だが、最も大きい中島は大浦・小浜《おばま》・粟井、宇和間の四村だけで、長師《ながし》などほかの村は松山藩領になっていた。しかも、のちの安永九年（一七八〇）には大洲藩領だった大浦・小浜・粟井村の半分が天領（幕府直轄領）になったため、忽那諸島の領域は複雑になり、領民たちが対立する原因にもなった。

そもそも瀬戸内海の海上交通は、豊臣秀吉が朝鮮出兵の際、瀬戸内海に海駅をつくり、大量の海上輸送をしたことで促進され、平和な時代になってからも、芸予諸島や忽那諸島は重要な中継地と

「駒手丸進水の図」（個人蔵／愛媛県歴史文化博物館提供）。藩主は大洲から河口の長浜まで肱川を下り、御座船の「駒手丸」に乗って江戸入りした。御座船は歴代、駒手丸と命名された

して発達していった。

瀬戸内海には古くから、山陽道南岸に沿った「安芸地乗り《あきじの》」と、四国北岸沿いの「伊予地乗り《いよじの》」の二つの地乗りコースがあったが、江戸時代に幕府公用船や参勤交代船のほか、各地の産物を運ぶ廻船が発達してくると、瀬戸内海中央部を最短で結ぶ「沖乗り」というコースもできた。

その沖乗りコースの重要な地点となったのが、天然の良港を持つ津和地《つわじ》島や岩《いわ》城《ぎ》島で、「風待ち」「潮待ち」をする船が多数寄港した。帆船は風さえ捉えれば文字通り順風満帆となるが、ときに暴風や雨風で日和《ひより》待ちをしなければならないときもあり、瀬戸内の島々を縫うように流れる複雑な潮汐流《ちょうせきりゅう》も、時間の経過によって変化するため、島はなくてはならない避難場所、待機場所であった。

島には幕府の公用船や参勤交代の船のために「御茶屋《おちゃや》」や「本陣」ができ、幕府の役人や諸大名、外国使節など、身分が高い人たちの接待にあたった。

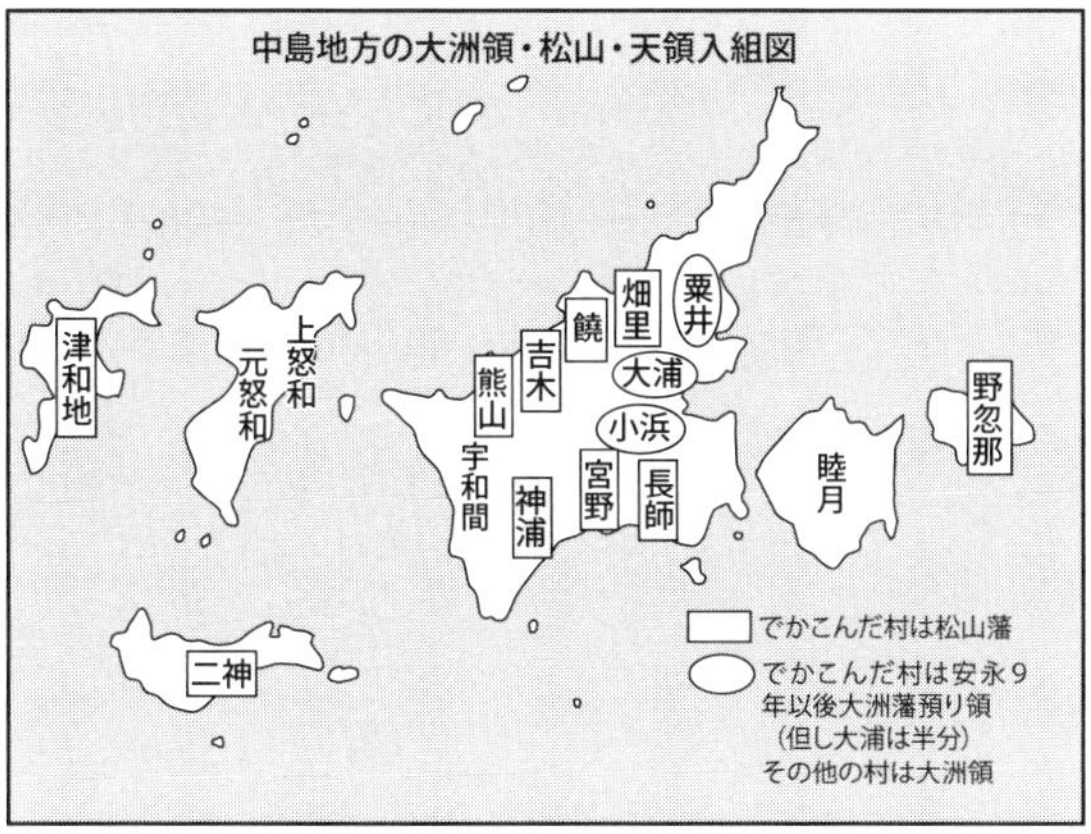

「中島地方の大洲領・松山領・天領入組図」（中島町誌より）
ひとつの島が複数の藩領に分かれていたのは、それだけ重要な中継地だったということでもある

船で参勤交代をした西国の諸大名たち

九州や四国の大名たちが参勤交代をする際は、藩主の乗る御座船《ござぶね》（御召船《おめしぶね》）を中心に、家臣が乗る関船《せきぶね》や小早舟《こはやぶね》のほか、将軍への献上物や食糧品などさまざまな荷を積んだ荷船や、飲み水を運ぶ水船、連絡用の鯨船などが船団を組んだ。

出発するときは曳き船の水主《かこ》たちが船歌を歌い、見送りの人たちも並んで、それは賑やかなものであった。

瀬戸内の海には、さながら海の上に繰り広げられる大名行列といった船団が数多く行き交ったため、遠くからでも識別できるよう各藩の帆印、船印が決められ、船体には家紋の入った船幕を巻いた。

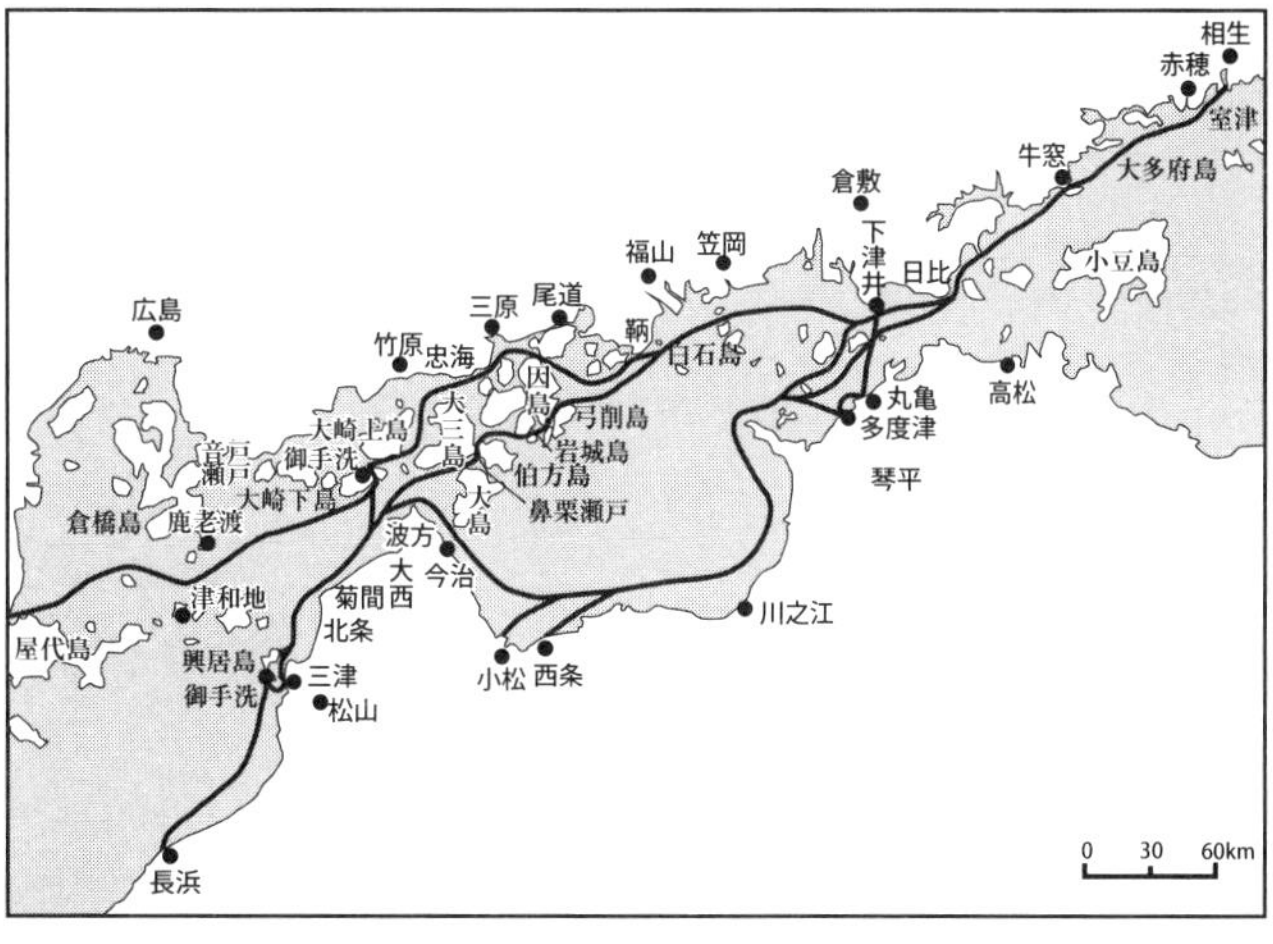

「参勤交代航路図」（愛媛県史、近世下より）
津和地にあった御茶屋には幕府公用船・外国使節船・大名船が寄港し、その接待役は島民にとって物心両面にわたる大きな負担となった

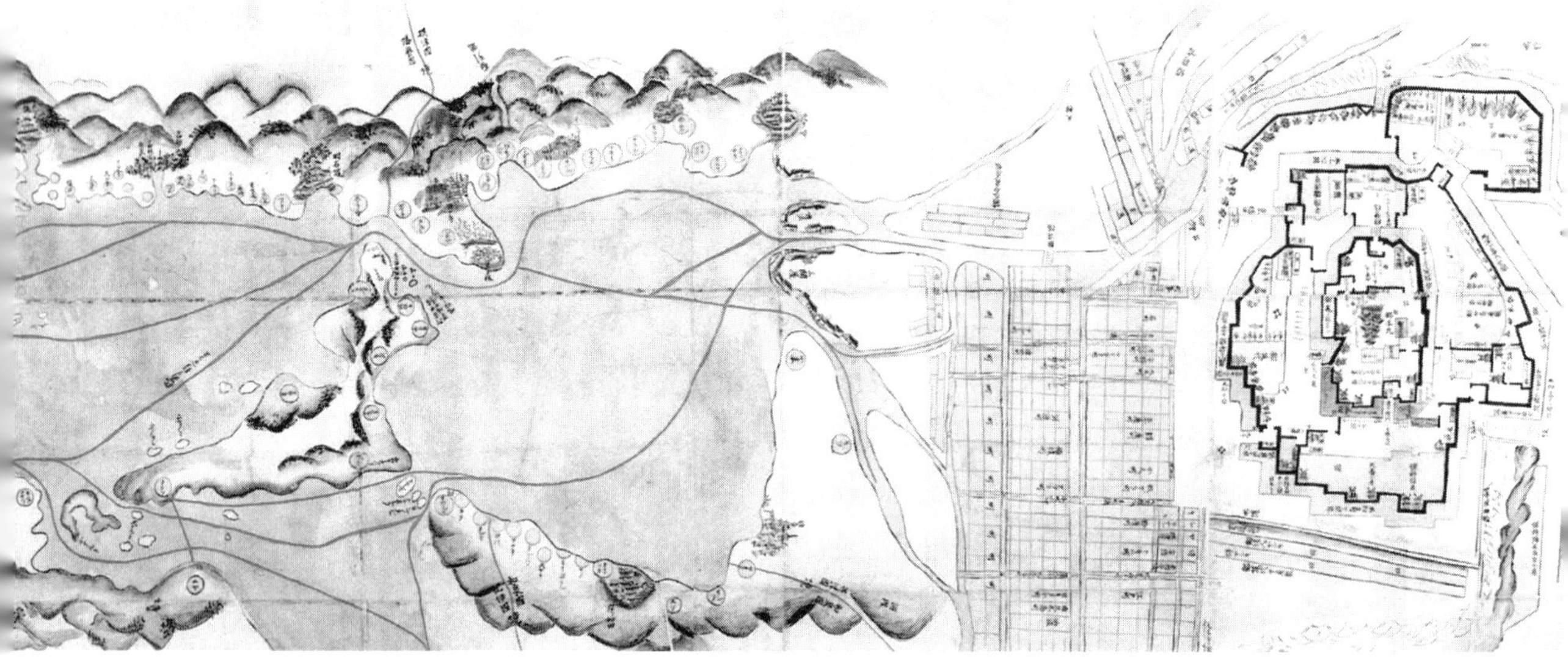

「瀬戸内航路図」部分／江戸時代（愛媛県歴史文化博物館蔵）
大坂から豊前小倉までの瀬戸内海の航路を描いた図。大坂は、大坂城を中心に武家屋敷や町人地が詳しく描かれている

大洲藩の参勤交代に使われたのは、「駒手丸《こまでまる》」という御召船で、明暦三年（一六五七）の記録によると、関船、小早舟など合わせて藩船は二十四艘。このほかに外船と呼ばれていた民間からの借船二十五艘も加わったとある。

ふだんこれらの藩船は、肱川河口の右岸にある江湖《えご》という船囲場《ふなかこいば》にあり、そこの番所に船奉行・十人衆・船役人などが勤務し、船の修繕や見張り、消耗品の補給などにあたっていた。

参勤交代のときは、すべての船をそこから一斉に曳き出し、肱川口に整列させた。この日に合わせ、沿海の村々からは一村から一艘ずつ漁船を出し、鯨船の先曳きをした。その他の藩船はそれに続き、太鼓を打ち、拍子を揃えて航海したというから、勇ましいことこの上ない。やがて家老船の常磐丸《ときわまる》と、足軽船の渙丸《かんまる》は列の外に出て帆で航行し、次の港の中島の大泊《おおどまり》に先着し、櫓《ろ》によってゆっくりと進む駒手丸の船団を待った。長浜を出た村々からの助勢船は由利島《ゆりじま》で中島の迎《むかえ》船《ぶね》と交代し、駒手丸はその船に曳かれて大泊に停泊した。

大洲から大坂までは十日を要した。参勤交代の時期に当たる四月は、播磨灘《はりまなだ》に危険なところがあるため、船旅は室津《むろつ》（兵庫県たつの市）までにとどめ、ここに上陸した。

長浜ふれあい会館に展示されている「駒手丸模型」。大洲市の文化財に指定されている（個人蔵／愛媛県歴史文化博物館提供）

航路の開発によって発展していった廻船業

寛文年間（一六六一～七三）、日本海沿岸の港と大坂を結ぶ西廻り航路ができ、物資の輸送路として大きく発展した。

萬安港旧灯台。郡中港の防波堤の修築に合わせ、明治2年、木造から石造に改築された

江戸や大坂に物資を運ぶ弁才船《べざいせん》が多く行き来するようになり、瀬戸内海沿岸各地に廻船の寄港地ができて、廻船業者が繁栄した。

櫓で漕いでいた船は、造船技術の進歩により、木綿帆を中心とした帆走専門の弁才船となり、千石船といわれる長距離の幹線航路で使われる大型船として普及した。

江戸時代前期には陸地に近い地乗り航路をとったが、後期には航海のスピード化を図るため、沖乗りや夜間の航海もするようになった。しかし、方向を知るための磁石と簡単な地図以外、これといった航海用具もなく、船乗りの経験だけが頼りだった時代で、海難事故は後を絶たなかった。

そのため、石積みの台の上に小屋を建て、その中で火を燃やす「かがり屋」や「灯明台《とうみょうだい》」「常夜灯」などが全国各地に建てられ、灯台の役割を果たした。忽那諸島の津和地島でも江戸時代初期に常夜灯を設置し、この近辺を航行する船の安全を図った。

海の近代化に不可欠なもの

幕末、開国を求める欧米列強とのあいだで和親条約、通商条約が結ばれ、日本に外国の貿易船が頻繁に訪れるようになると、瀬戸内海にも千トン級の蒸気船が往来するようになった。だが、日本の海はすべてダーク・シーと呼ばれる〝暗い海〟である。欧米諸国にとって、蒸気船を安全に航行させるための灯台建設は火《か》急《きゅう》を要するものだった。そこで江戸幕府に、西洋式の灯台の設置を求めたのだが、その実現は長州藩が起こした下関事件(下関海峡を航行する英米仏蘭の商船、軍艦を砲撃した事件)がきっかけとなった。幕府に突きつけた改税約書《かいぜいやくしょ》(江戸条約)で、日本に不利な関税とともに、八カ所の灯台築造を求めたのである。幕府はフランスとイギリスに灯台のレンズや機械の購入、指導を依頼し、その約定《やくじょう》はそのまま明治新政府に引き継がれた。

そして明治二年(一八六九)、観音埼《かんのんざき》に日本ではじめて西洋式の灯台が誕生した。さらにその四年後の明治六年(一八七三)、中島と興居島《ごごしま》のあいだの釣島水道《つるしますいどう》を照らす釣島灯台が建てられた。愛媛県初の洋式石造建造物で、光の届く距離は三十八キロ。いうまでもなく、津和地の常夜灯とは比較にならない明るさで、重要航路のシンボルとなった。

釣島灯台。明治元年にイギリスから来た英国人技師リチャード・H・ブラントンの設計により、全国で9番目にできた

勤王藩の幕末期と大洲藩の群像①

シーボルト最後の門人・三瀬諸淵《もろぶち》

天才的語学力で外交に貢献し、近代医学の普及に尽力した大洲人

シーボルトは、
日本に最新の西洋医学を伝えた医師だったが、
ただの医師ではなかった。
生物、地理にとどまらず、
社会制度や歴史、文化などあらゆるものを研究し、
西洋における「日本学」の基礎を築いた学者だった。
そのために起きた事件と別れ。
再来日したシーボルトの最後の弟子となり、
孫娘と結ばれた三瀬周三（諸淵）もまた
〝攘夷の国〟で波乱の人生を送った人物だった。

三瀬諸淵33歳と高子22歳／明治4年（1871）。諸淵は佃島出獄後、婚約していた高子と宇和島で結婚した（大洲市立博物館蔵）

両親の死を乗り越えて医学の道へ

周三は、天保十年（一八三九）十月一日、大洲中町の塩問屋「麓屋《ふもとや》」という裕福な商家に生まれた。十一歳のとき母が病没し、その翌月、後を追うように父も亡くなり、周三は塩問屋を継いでいた義兄・辰太郎（養子後は半兵衛宗位）に庇《ひ》護《ご》される身になった。

七歳から町内の塾で学んでいた周三は、十四歳になると常磐井《ときわい》厳戈《いかしほこ》（仲衛）の私塾「古学堂《こがくどう》」に入塾した。神職を務めるかたわら古学堂を開いて地元の青年たちを指導していた厳戈は、尊王論者ではあったが蘭学に通じ、開明性を持っていたため、向学心に燃える若者たちが集まり、その中から優秀な人材が育っていった。周三が十六歳になったとき、辰太郎は周三が暮らしに困らないよう庄屋株を買って庄屋にしようとしたが、周三は学問で身を立てたいと、叔父・二宮敬作のもとで西洋医学を学ぶことになった。卯之町《うのまち》で開業していた蘭方医《らんぽうい》・二宮敬作は亡き母の弟で、シーボルトの弟子であった。

三瀬諸淵生家写真／昭和初期の頃
（大洲市立博物館蔵）

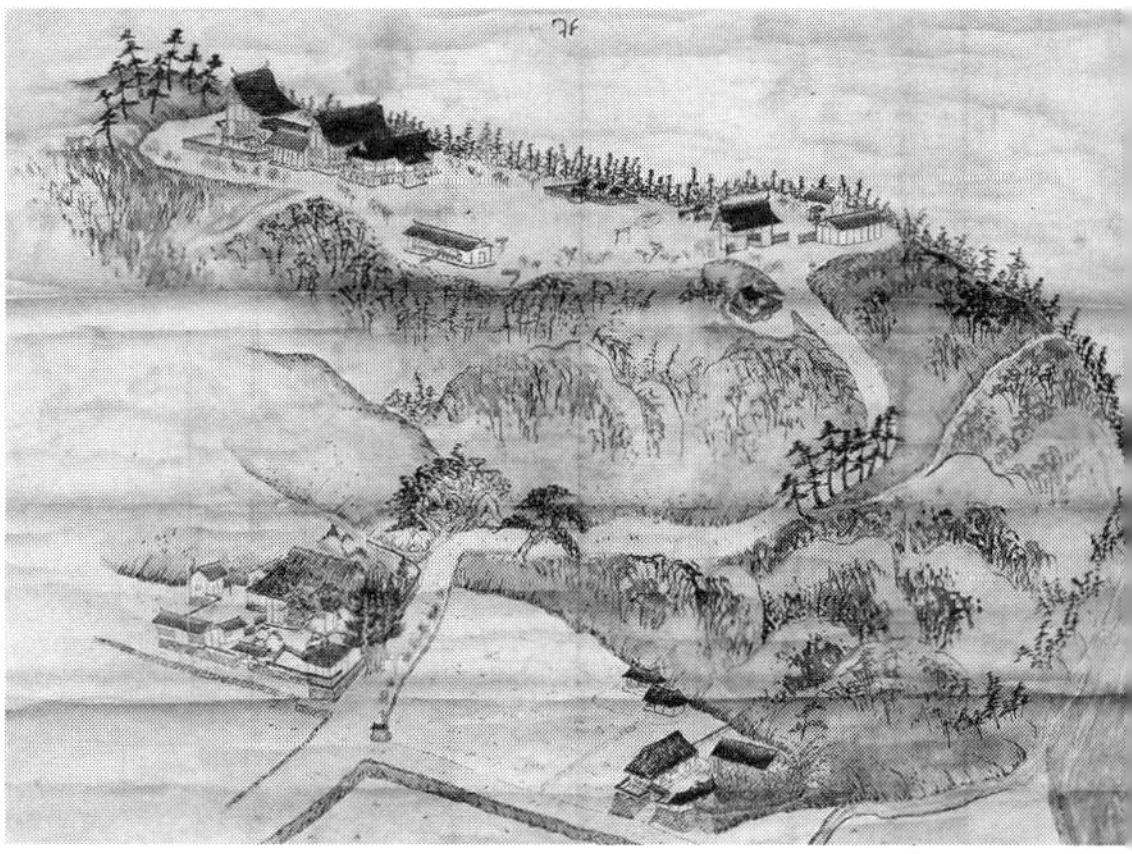

八幡神社の境内を描いた絵図。左下の建物が古学堂（八幡神社蔵）

日本研究者シーボルトと二宮敬作

敬作は、文政二年（一八一九）に長崎に渡り、シーボルトの鳴滝塾に入門した。シーボルトはオランダ人というふれこみだったが、実はドイツ・ヴュルツブルグの名門の出だった。大学では医学を専攻したが、このころヨーロッパでは、他民族やその文化への関心が高まり、学問としての「民族学」が胎動しつつあった。医学だけでなく、植物学や動物学、化学、地理学などに関心を寄せた彼は町医師にならず、陸軍軍医となって東南アジアに旅立ち、やがて未知の国・日本の研究を熱望するようになった。それを実現する手立ては、鎖国政策をとる日本と唯一交易を許されていたオランダ人に扮することだった。

しかし、外国人の行動が厳しく制限されていた日本での資料収集はたやすいものではなかった。シーボルトは、門弟たちに最新の医学知識と技術を伝授する一方で研究課題を与え、その論文を提出させることによって標本や資料を収集した。

農民出身の敬作の地位は低く、門人たちに侮られることもあったが、シーボルトはその篤実《とくじつ》な性格を愛した。

シーボルト事件と国外追放

シーボルト肖像

周三の叔父にあたる二宮敬作
（大洲市立博物館提供）

文政九年（一八二六）、シーボルトは、敬作や石井宗謙《いしいそうけん》を伴って江戸へ行き、将軍家斉《いえなり》に謁見《えっけん》したほか、多くの学者たちとも交流し、長崎へ戻った。

ところがこの旅行中のできごとが、のちに事件に発展した。シーボルトが日本から去ろうとしたとき、出帆前に暴風雨に襲われて船が坐礁し、その時に調べられた膨大な荷物に日本地図などの禁制品があったことから、国禁を犯したとして事件になったのである。関係者も処罰を受け、獄屋につながれた者は二十三人に及び、敬作も入獄ののち長崎払いの処分を受けた。

鳴滝塾舎之図　シーボルトが開いた診療所兼私塾には全国から門人が集まった（長崎大学附属図書館蔵）

蘭館絵巻／川原慶賀画　長崎の出島におけるオランダ商館員の生活を描いている。白い服がシーボルトと思われる

シーボルトには国外追放と再渡航禁止が宣告されたが、彼にはある心残りがあった。日本人女性、楠本たきとの間に生まれた娘イネ(伊篤)の行く末である。シーボルトは秘かに見送りにきた敬作に、その養育を託した。

敬作は帰郷後、卯之町で開業し、長崎からイネを呼び寄せた。安政二年(一八五五)、周三が敬作のところへ行ったとき、修業に励む数人の若者たちの中にイネの姿もあった。

シーボルトの再航と周三との出会い

敬作は宇和島藩主・伊達宗城《だてむねなり》に登用され、準藩医となって宇和島へ移住したため、周三らも移り住んだ。このころ宇和島には、西洋兵学の翻訳や講義、本格的な軍事研究に従事していた村田蔵六《むらたぞうろく》がおり、周三は蔵六から英語を学び、イネからは蘭語と産科医学を学んだ。

安政三年(一八五六)三月、十八歳の周三は敬作や蔵六と初めて長崎へ赴いた。敬作が開業すると、評判を聞きつけた大勢の患者が押し寄せ、助手を務める周三も忙しく立ち働いた。そのかたわら、シーボルトの高弟にオランダ語を学び、語学や勉学は著しく進歩した。

シーボルトが日本を離れてから後、世界では産業革命が一層進み、蒸気船の時代になると東洋への距離も短くなったため、日本近海へも西欧諸国の船が押し寄せていた。シーボルトは、日本の鎖国政策は危険だと感じていたが、予想通り黒船が現れ、砲艦外交といわれる強硬策で開国を要求したため、大騒動になった。

楠本イネ。明治元年(1868)、41歳の時の写真(大洲市立博物館蔵)

開国後、各国と修好条約が結ばれると、シーボルトの追放令も解けて再び来日できることになった。六十三歳になったシーボルトは、十三歳の長男アレクサンダーを伴って思い出の国日本に到着。日本を去ってから三十年がたっていた。

翌日から昔の友人や門人がやってきた。楠本たき、イネ母子にも会った。再会を果たした敬作が甥の周三を紹介すると、オランダ語だけでなくドイツ語や英語も話せるとわかり、シーボルトは息子のアレクサンダーに日本語を教えてほしいと頼んだ。周三は、シーボルトの最後の弟子になった。

シーボルトの外交顧問就任と周三の通訳

文久元年(一八六一)四月、シーボルト

アレクサンダー・シーボルト／周三に日本語を習い、通訳として活躍した（大洲市立博物館蔵）

は幕府から外交顧問として招聘され、江戸へ移り住むことになった。旅には周三が伴をし、宇和島藩士として二本差しの姿で行った。

シーボルトは江戸で医術、科学の講習とともに、外交上、貿易上のことについても意見を述べた。周三の語学力はこれらの講習、交渉の際に優れた通訳として生き、幕府の通詞《つうじ》とは比較にならないほど正確に伝えた。シーボルトの愛情は周三に注がれ、すでに長崎で孫娘の高子と婚約させていた。

ところが文久元年十月、シーボルトは突然、幕府の顧問を辞めさせられた。江戸にいると攘夷派から襲撃される恐れがあるという理由だったが、実はオランダ総領事がシーボルトと幕府との切り離しを策したものだった。シーボルトは不満だったが如何《いかん》ともできず、長崎からオランダへと帰っていった。このとき長子アレクサンダーは、イギリス公使館付きの日本語特別通訳官となり、日本に残ることになった。

佃島の獄につながれた周三

シーボルトが解任されると周三は後ろ盾を失ったようなもので、まもなく幕府の命により、江戸大洲藩邸へ幽閉された。周三はすぐ釈放されるように思っていたので、頼まれたオランダ眼科医書を訳すなどして、幽居中も医学の勉強を怠ることはなかった。ところが翌年の春、周三は佃島《つくだじま》の獄《ごく》につながれてしまった。町人出身にもかかわらず、苗字を名乗り、帯刀していたからという理由だった。

だが、本当は別の理由だった。幕府の通詞には福沢諭吉や福地源一郎がいた。彼らは優秀で書物の翻訳はできたが、会話を訳す場合はあまり役に立たなかった。しかも複雑な外交問題や諸外国との通商問題、貨幣取引のような経済問題にはとうていおぼつかない。それをもどかしく思ったシーボルトが別室に控えていた周三を呼び、通訳させたところ、見事にやりおおせた。幕府としては、国家機密ともいうべき外交政策の内容を知る立場にあるのは幕府が許可した通詞だけで、身分の低い周三が知ることを由《よし》としなかった。

周三はシーボルトと幕府首脳部をつなぐ通訳として、日本の実情を諸外国に知らせることに努めたのだが、皮肉なことにそれが投獄の原因をつくりだしてしまった。叔父敬作も、シーボルトの日本研究を手助けしたことで入牢《じゅろう》した経験を持つが、周三も同じ運命をたどることになってしまったのである。文久二年(一八六二)三月、敬作は死去し、周三は孤立無援となった。

のちに異色の実業家となる二人の囚人と親友に

周三は牢に入れられてしばらくすると、神経熱のほか、疥癬《かいせん》という皮膚病にかかり、大洲藩邸へ一時預けられた。疥癬は人から人へ伝染し、激しいかゆみを惹《ひ》き起こす。風通しが悪く、日当たりも悪い、劣悪な環境で起きがちな「牢屋病《ろうややまい》」のひとつだった。

周三は大洲藩邸で治療に努め、元治元年(一八六四)、病気が治ると再び佃島で苦役《くえき》についた。周三は自分の体験から獄内の衛生状態の改善に努め、自分の医学の知識をもって悲惨な囚人たちの病気を治療し、介抱した。また、役人に対して衛生管理や改善策を上申し、非人道的な取り扱いを改めるよう求めた。

この佃島の獄に面白い人物がいた。のちに易学《えきがく》の大家として知られる明治の実業家・高島嘉右衛門《たかしまかえもん》と、日本初の靴工場「伊勢勝製靴工場《いせかつせいかこうじょう》」をつくった西村勝三《にしむらかつぞう》である。高島は囚人たちの人望が厚いことから世話役を務めており、周三がやっていた重労働を囚人の煎薬係《せんやくがかり》に変えてくれた。

周三の入獄は四年になる長いもので、この間に日本は大きく変わった。薩英戦争や下関砲撃事件を経た薩摩藩、長州藩は考え方を変えてイギリスに接近し始め、語学力や西洋についての知識を持つ人材はなくてはならないものになった。伊達宗城は大洲藩主・加藤泰祉《やすとみ》とともに尽力し、ついに周三は出獄できることになった。

慶応元年(一八六五)八月、出獄の際、幕府は周三が獄内の衛生や病囚の取り扱いについて改良するよう意見を出し、病囚の看病に尽力した功績を賞して、紋《もん》服裃《ぷくかみしも》を与えた。藩の物頭《ものがしら》は、自ら周三に着用させる紋服や大小(刀)を取り揃え、

高島嘉右衛門／西洋建築を数多く手がけて巨万の富を築き、日本初の鉄道敷設のため海岸を埋め立てたり、日本初のガス会社を設立(横浜開港資料館蔵)

佐倉藩を脱藩し、商人となった西村勝三。軍用靴製造の目的で始めた製革・製靴事業は旧藩佐倉にちなむ「桜組」の名とともに発展した(皮革産業資料館蔵)

大阪医学校仮病院集合写真／明治2年、オランダ人医師ボードインを招いて開設した病院。前から2列目の中央、白服が教頭のボードイン、その左が諸淵
（大洲市立博物館蔵）

明治2年11月、ボードイン設計の瀟洒な大阪府医学校病院が開設された。当時、官設医学校があったのは東京府、大阪府、長崎府だけだった
（大阪大学アーカイブズ蔵）

駿馬《しゅんめ》一頭を引いて獄門に迎えにきた。周三は新しい服に着替えると馬にまたがり、堂々たる武士の姿となって出ていった。

宇和島藩の外交で活躍した周三

慶応二年（一八六六）三月、周三はシーボルトの孫娘高子と結婚した。周三は二十八歳、高子は十六歳である。

周三は宇和島藩の有能な通訳として活動し、慶応二年六月、イギリス公使パークスを乗せたサラミス号が宇和島湾へ入港すると、藩の命で応対し、宗城の外交を支えた。

明治になると、宗城は外国通として外務事務の先頭に立ち、イギリスから鉄道敷設のための借款《しゃっかん》に漕ぎ着けるなどして活躍。周三は宗城のもとで海外事情を説いたり、勧告をしたりと政治的な活動をしていたが、宗城は戊辰戦争のとき薩長に反対の態度を示したことから、次第に藩閥政治の中心から外されていった。

周三は政府の命令により、大阪で病院設立の仕事に携わるようになり、明治元年（一八六八）四月、大阪医学校兼病院の設立を計画。翌年には長崎にいたボードインを招聘し、その通訳と秘書を兼ねて周三が招かれた。

明治二年（一八六九）三月には大福寺に仮病院を開き、四月に医学校を設けて医学の伝習を始めた。緒方惟準《おがたこれよし》（医師・緒方洪庵の二男）が院長兼校長で、周三は最初の講師として協力した。ここでも周三の語学力は役立ち、学校でのボードインの原病学の講義は、周三の明快な通訳によって学生に伝えられた。周三は実際の臨床には携わらなかったが、その講義ぶりは学生たちの尊敬を集めた。

周三が宇和島で教えを受けた村田蔵六は大村益次郎と名を変え、新政府で活躍していたが、京都で刺客に襲われ、ボードインの執刀で大腿部切断の大手術をした。入院中、周三は妻の高子やイネとともに寝食を忘れて看護したが、大村は明治二年十一月五日にその命を終えた。

西洋医学の病院設立に奔走した明治初期

明治三年（一八七〇）、周三はかつての経験を生かし、諸外国の事例も調べて参考にし、徒刑囚医務局の幹事をしたり、獄制の改善にあたったりした。

同年七月、政府は東京医学校を創設したため、周三はボードインや緒方惟準らと東京へ招かれ、翌年には文部省大助教になった。明治六年（一八七三）四月、再び大阪へ出向を命ぜられた周三は、大阪医学校の病院勤務と経営にあたることになり、オランダの医師エルメレンスの通訳も兼ねて医学生の教育に努めた。

明治初期、大阪で撮影されたエルメレンスと諸淵
（個人蔵／シーボルト記念館保管）

妻高子の伝えるところによると、周三の勉強ぶりは尋常ではなく、しばしば机に向かったまま夜を明かし、うたた寝から目が覚めると、また読書や執筆に集中したという。周三の学問・研究の成果はそうした努力の上に積み重ねられていたが、あるいは無理がたたったのか悪性の胃腸カタルを病み、明治九年（一八七六）十月十九日、三十九歳という若さで没した。

周三の夢は、ヨーロッパへ渡り、医学を視察研究するだけでなく、有能なヨーロッパ人医師を連れ帰って東京に大病院を建設し、日本の医学を画期的に進歩させたいというものだったが、それはかなわなかった。叔父・敬作が「貧者に施療《せりょう》するをば天職のごとく心得た」一人の町医者で終わったように、周三もまた、栄達の道を選ばない、医学の進歩を願い続けた一人の医師として生涯を終えた。

明治二年、周三がオランダ人医師のボードインやエルメレンスとともに学生たちに近代医学を教えた「大阪医学校仮病院」が、現在の大阪大学医学部附属病院である。

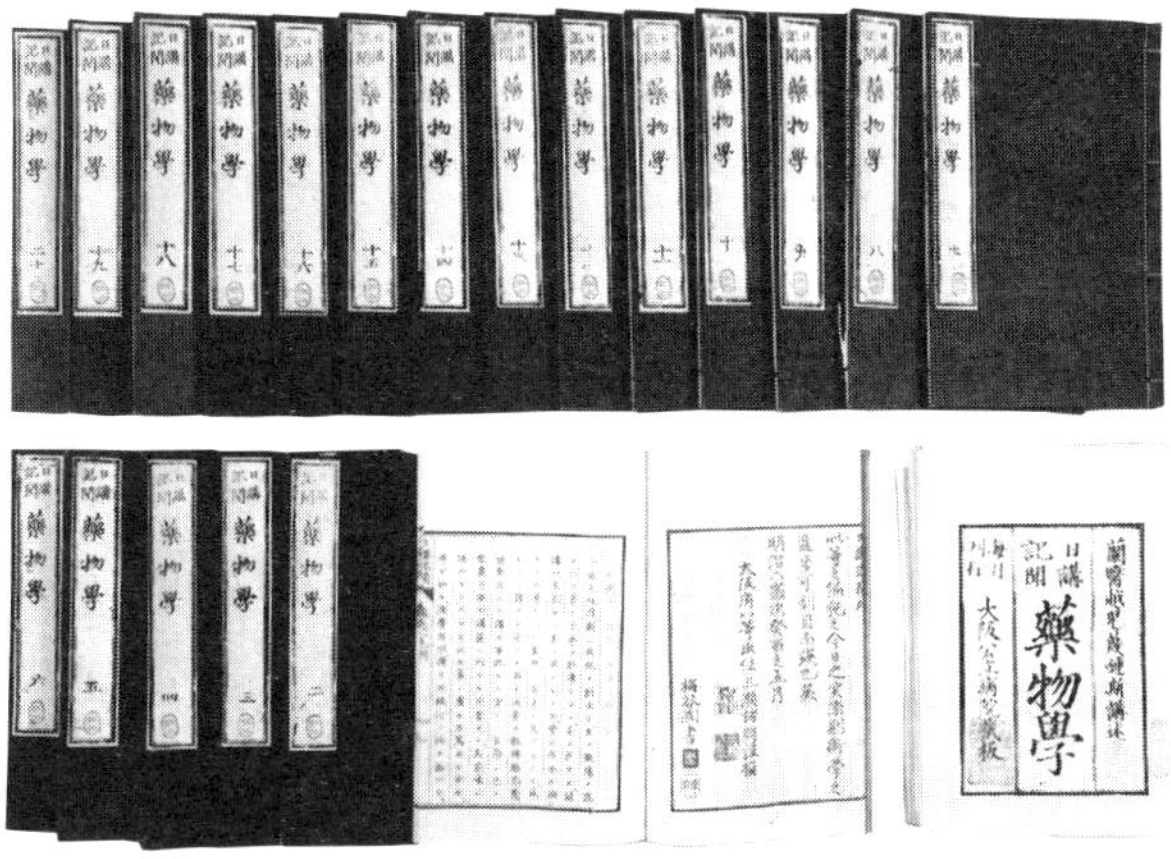

エルメレンスの講義は、周三の翻訳によって「日講記聞（にっこうきぶん）薬物学」全17巻（明治6年）や、「日講記聞原病学各論」全13巻（明治9年）となり、日本の医学向上に寄与した（愛媛県歴史文化博物館蔵）

勤王藩の幕末期と大洲藩の群像②

五稜郭を造った男・武田成章《しげあや》

近代化の図面を引く

外国が威嚇《いかく》によって開国を求め、攘夷《じょうい》の嵐が吹き荒れた幕末期、当時の若者たちはいかにして国を守るかを真剣に考えた。なかでも、書物を通じて西洋の優れた学問・知識・技術の存在を知った洋学の学徒たちは、手探りするように日本の近代化をめざして物を創り始めた。見たこともない西洋方式の砲台や星形の城を設計した武田成章もまた、そうした一人であった。

武田成章（大洲市立博物館蔵）

藩校明倫堂《めいりんどう》に学んだ武田兄弟

武田成章は、文政十年（一八二七）九月十五日、大洲中村に父勘右衛門敬忠、母三保子の次男として生まれた。幼名、通称を斐三郎《あやさぶろう》といい、亀五郎敬孝《ゆきたか》という七つ違いの兄がいた。

武田家は代々加藤家に仕え、母は新《にい》谷《や》藩の医者・久岡文仲の娘だったが、敬忠は下級武士で俸禄も少なかった。亀五郎二十歳、斐三郎十三歳のとき、その父が亡くなり、母は暮らしに窮しながらも、子どもには学問をさせたいと実家から援助を仰ぎ、藩校の明倫堂に通わせた。

やがて敬孝は父の跡を継いで藩に出仕がかなったが、成章にその見込みはないだろうと養子に出された。しかし、神

5つの稜堡（角）を持つ函館の「五稜郭」（函館市教育委員会提供）

経質な成章は他人の家での生活に耐えられず、心を病んでしまった。母と兄は傷心の成章をわが家に引き取り、一年ほど静養させてようやく病が癒えた。

成章は再び明倫堂に通いながら、兄と母に頼る生活を抜け出したいと将来の身の振り方を考えていたが、母の勧めもあり医者になることを決めた。そこで母の実家へ見習いに通ったが、時代遅れの漢方医学に飽きたらず、これからは蘭学だと、当時、日本最高の蘭医といわれた大坂の緒方洪庵《おがたこうあん》に学ぶ大志を抱いた。兄を通じて藩主・加藤泰幹《やすもと》に願い出たところ、泰幹は蘭学に理解があったため、大坂までの路銀や修学料を与えた。こうして二十二歳の成章は大坂へ向かうこととなった。

大洲中村にあった武田成章の生家。現在、建物は残っていない（大洲市立博物館蔵）

全国の秀才が集まる 緒方洪庵の適塾に入る

緒方洪庵は開業医だったが、広い視野の人で、適々斎塾《てきてきさいじゅく》（適塾）という蘭学塾を設け、洋学を修養しようとする青年の教育に当たっていた。洪庵のもとには、全国から続々と門下生が集まり、そのなかには村田蔵六（大村益次郎）や福沢諭吉など、幕末から明治維新の動乱期に活躍した人物がいた。

初めて塾に入門した者は、江戸で翻刻《ほんこく》された二冊のオランダの文典を入門書として教えられるのだが、当時は原書が少なかったため、塾生たちは奪い合うようにして写本した。なんとしても原書を読みたい塾生らは、大名や富豪が持っている原書の翻訳や写本を請け負い、その翻訳料や写本料を生活の糧にしながら、貪欲に西洋知識を吸収していった。

ところが成章は修学しているうち、オランダ兵書の翻訳書「三兵活法《さんぺいかっぽう》」を読んで、次第に西洋兵術に関心を持つようになった。三兵とは歩兵・騎兵・砲兵を指し、この本は当時のヨーロッパで最もすぐれた戦術書と評価されていた。アヘン戦争後、日本にもたらされたが、清国の敗北を日本の危機だと感じていた開明的な諸侯たちは、競ってその翻訳書を読んでいた。

成章はさらに兵学を学びたいと思ったが、医学修業を目的とした適塾では限界がある。しかし江戸なら兵術原書もあり、いい指導者に恵まれるかもしれないと意を決して洪庵に暇《いとま》を乞《こ》うたところ、

緒方洪庵が大坂船場に開いた蘭学の私塾「適塾」。幕末から明治にかけて活躍した多くの人材を輩出した

師は快くこれを認め、蘭学教授として名を知られる伊東玄朴《いとうげんぼく》に紹介の労をとってくれた。

幕末の天才・佐久間象山《さくましょうざん》の塾に入る

嘉永三年（一八五〇）春、江戸に着いた成章は、伊東玄朴のもとで兵術に関する書物を片端から読んでいき、ひたすら西洋兵学の研究にいそしんだ。

そんな成章に好機が訪れた。嘉永四年（一八五一）、兵学・洋学の第一人者として名声の高かった佐久間象山が、江戸で砲術教授の塾を開いたのである。

成章が師と仰いだ佐久間象山
（国立国会図書館提供）

象山は信州松代藩《まつしろはん》の藩士だが、藩主の真田幸貫《さなだゆきつら》が幕府の老中海防掛《かいぼうがかり》になると、顧問として抜擢された。海防掛とは外国船の渡来といった対外的な危機に対応して設置されたもので、象山は江戸で西洋式砲術や海外事情について研究すると、「国防には外国船の購入と操船技術の習得が必要」だとする斬新な『海防《かいぼう》八策《はっさく》』を書いた。これを契機に洋学修業の必要を痛感し、二年ほどでオランダ語を修得すると、さまざまな洋書をむさぼるように読んで知識を吸収し、江戸に移住して塾を開いた。それを知った勝海舟、吉田松陰、坂本龍馬ら多くの若者が象山の門を叩き、成章もいち早く入門して、象山を尊敬してやまない門人となった。

嘉永三年十月、象山は中津藩《なかつはん》や松前《まつまえ》藩《はん》から依頼されて大砲の鋳造に当たった。成章の砲術研究も目覚しい進歩を遂げ、その後の進むべき方向を決定した。

その成章にとって一大転機となった事件が勃発した。ペリー率いる四隻の黒船来航と開国の要求である。その知らせはたちまち江戸中に広がり、血気に逸《はや》る若者たちは自分の目で黒船を確かめようと浦賀に急ぎ、成章もそれに加わったが、黒々とした巨大な姿を浮かべる船を眺めた時、日本の貧弱な大砲ではまず勝ち目はないと感じた。

東インド艦隊司令長官として浦賀に来航したペリー

ペリー提督が搭乗していた蒸気フリゲート「サスケハナ」。黒船来航時の旗艦だった

幸いペリーは日本の国情を察し、一年後の再来を約して引き揚げたが、さすが

反射炉は金属融解炉（ゆうかいろ）の一種で、鉄の精錬に使われ、大砲など兵器製造には欠かせない設備だった（世界遺産の韮山反射炉）

の幕府も軍備を強化せざるを得ないと感じ、開明的な人材を登用するとともに、長年幽閉していた洋式兵学の先覚者・高島秋帆《たかしましゅうはん》を赦免し、鉄砲鋳造・砲台築造などにあたらせ、韮山《にらやま》に反射炉を築くことになった。

江戸幕府に出仕し、長崎でロシアのプチャーチンに会う

　嘉永六年（一八五三）、成章は幕府出仕の命令を受けた。老中・阿部正弘の人材登用は、外国の事情に通ずる蘭学者、兵法家、砲術家にも及び、成章も象山の推挙を受けたのである。

　出仕後まもなく、成章は長崎行きを命ぜられた。当時、長崎にはロシア海軍のプチャーチン提督率いる軍艦四隻が投《とう》錨《びょう》し、国書を携えて〝国境の画定〟と〝通商の開始〟を強く迫っていた。大目付が派遣され、成章も兵術家として随員に加わった。その船旅の道中、成章は『海上砲術全書』を著した箕作阮甫《みつくりげんぽ》から種々の知識を授けられ、幕臣の川路聖謨《かわじとしあきら》にも知られることで、のちの後援者を得るきっかけができた。

　プチャーチンとの交渉は半年余りに及んだが、両者の主張はまったく折り合わず、クリミア戦争が勃発したためプチャーチンは一旦日本を離れた。

　その数日後、プチャーチン来日を知ったペリーがロシアに先を越されまいと、急遽《きゅうきょ》、軍艦を率いて再来日した。会談の結果、幕府は日米和親条約を締結して下田・箱館の両港を開港することになり、ついに二百年の鎖国に終止符が打たれた。

日露和親条約を締結した、ロシア帝国の海軍軍人プチャーチン

プチャーチン提督の乗艦「パルラダ号」。長崎に入港したときの水彩画

辺境の地・蝦夷地《えぞち》への出張

　長崎から江戸に戻った成章は、海防掛の川路聖謨の推挙により、目付・堀《ほり》利熙《としひろ》の随員として箱館《はこだて》へ出張することを命じられた。当時、箱館を拠点とする

蝦夷地は、国防上からも外交上からも重要地点であったため、幕府はその経営に本腰を入れることになったのだった。

蝦夷地は長い間、異郷の地で、松前《まつまえ》氏を大名として統合を委ねているに過ぎなかった。しかし江戸後期、外国船が頻繁に近海に出没し、日米和親条約によって箱館開港も決まったため、幕府は蝦夷地を直轄地とし、箱館を国防の重要拠点にすることとした。成章が箱館出張を命じられたのは、その準備と、ペリー一行が箱館港の測量に来る応援にあたるためだった。

その後、幕府目付は箱館奉行となり、成章は国防と外国人接待の要員となる正式な辞令を受けた。

西洋の方式を取り入れた弁天崎砲台、五稜郭城の築造

安政元年(一八五四)十二月、箱館奉行は警備についての意見書を幕府に提出し、奉行所や役宅(官舎)がある現在の場所は外敵からの標的になりやすいため、別の場所へ新築・移転するとともに、周辺の防備策として七カ所の台場(砲台)を築造するよう上申した。総経費は四十一万八千七百六十両。幕府は、一度に巨額の費用を出すのは難しいため、重要なところから着手するよう言ってきた。

奉行は成章らを使って調査検討のうえ、弁天崎台場、築島台場、沖ノ口台場、亀田役所(五稜郭)および役宅を築造することにした。成章は、企画と設計監督をすることになり、オランダ築城書や過去に学んだ記録を取り出して設計にとりかかった。考えたのは、土塁が星の形をしている日本では珍しい稜堡式《りょうほしき》といわれる城郭だった。これは、西洋で十五世紀から十八世紀ころまで流行したもので、多数の大砲が死角を補い合うように配置されている。成章は一年あまりをかけて設計図を書き、安政二年(一八五五)

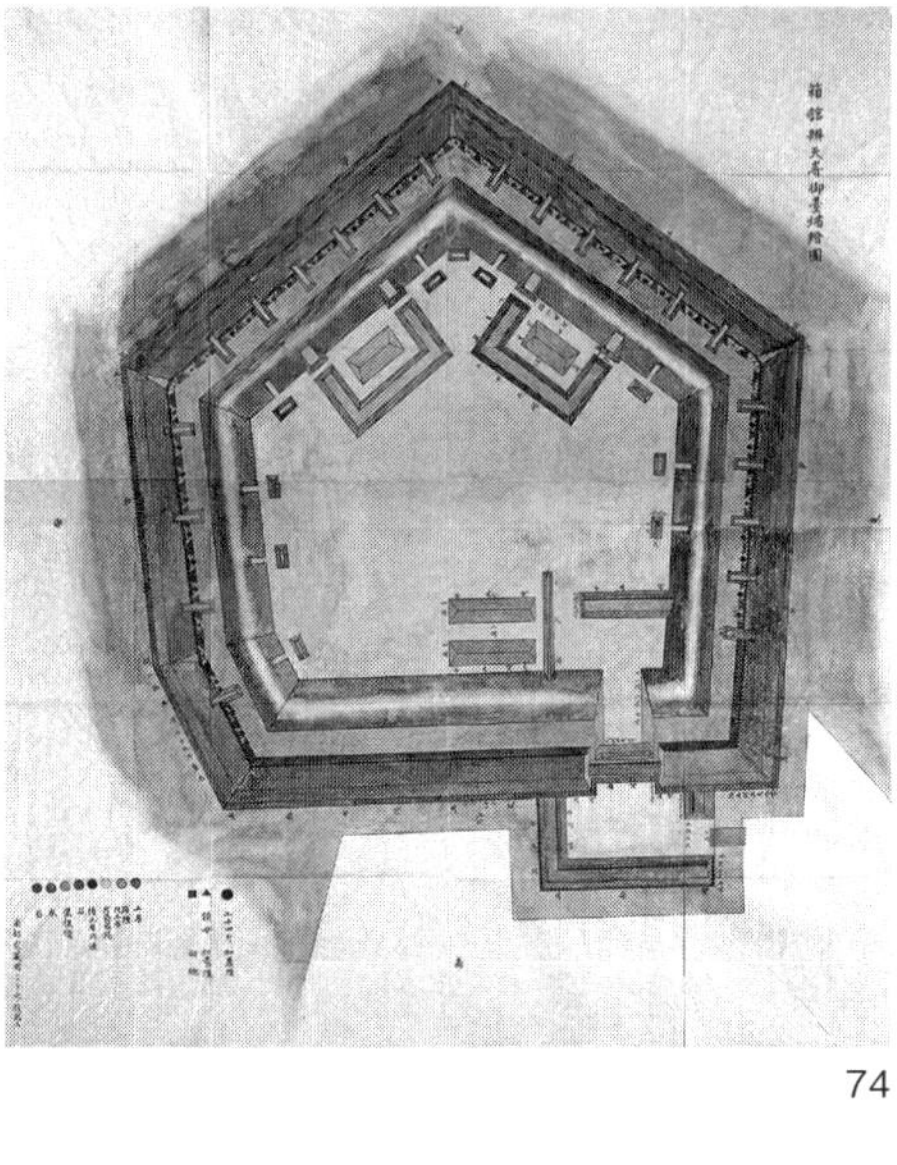

右/箱館弁天崎台場絵図。不等辺六角形で、将棋の駒のような形をしていた
左/箱館弁天崎御台場/外国船襲来に備えて箱館湾沖に建設した砲台。箱館戦争では旧幕府軍がここに立てこもった。明治30年(1897)に取り壊された
(ともに函館市中央図書館蔵)

の夏、ようやく完成した。

翌年一月、まず弁天崎砲台から工事に取りかかった。安政四年（一八五七）十一月には、五稜郭城に着手した。当時の日本にしてみれば突拍子もない設計で、原図を見た人たちはみな奇妙なものを見るような顔をし、採用に至るまでには箱館奉行所に限らず、幕府内部にも多くの反対があった。しかし、戦術に合わせて築城の形式も変革する必要があると幕閣開明派が支持し、ようやく着工が許された。

だが、洋学の知識がない現場の人たちには設計内容そのものが理解できない。工事は順調に進まず、現場を訪れる成章をいらだたせた。一方、工事が進むにしたがって設計にもいろいろな欠陥が見つかり、成章はそのつど夜を徹して原図の変更に当たった。また、予期しない酷寒の気候による障害もあった。当初、土塁にしていた掘割が積雪で壊滅状態となり、石垣築造に変更したことで予想外の費用がかかり、工事も遅れた。

元治元年（一八六四）、五稜郭は七年もの歳月を要してようやく完成した。

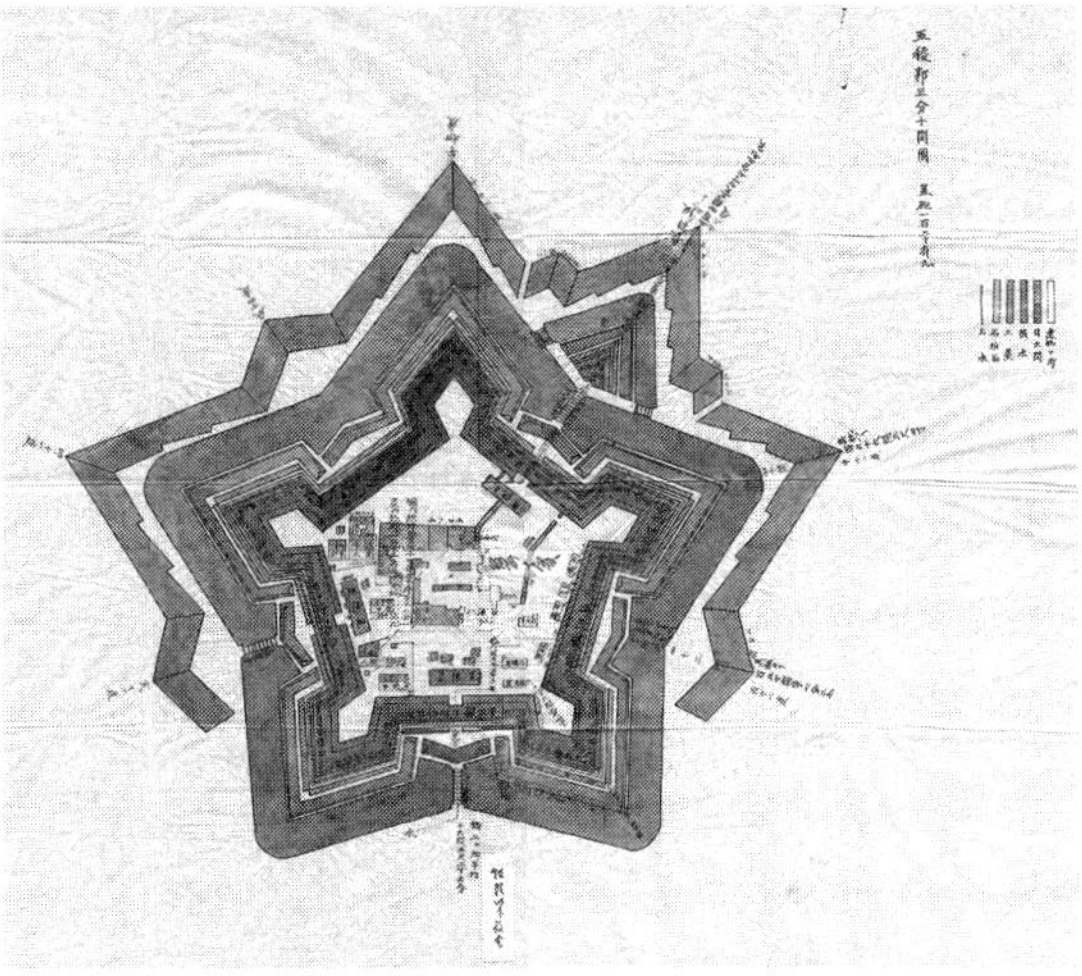

上／奉行所庁舎として造られた箱館御役所
下／五稜郭目論見図。当初二重の五角形になっていた
（ともに函館市中央図書館蔵）

諸術調所《しょじゅつしらべしょ》の教授役となる

安政三年（一八五六）四月、成章は弁天崎砲台や五稜郭築造の途中、現場の工事担当者に洋式築城術を教育する必要を感じ、しばしば奉行所に洋学塾の設立を建言した。「諸術調所」という洋学教授所が設けられることになり、成章は蘭学をはじめ英語やロシア語、航海術、測量術、砲術などを教えることになった。

これと前後して、成章には幕府直臣の地位と十人扶持の俸禄が支給され、ようやく経済的にも安定し、この地の女性と結婚もした。

教育者としても名声が高まった成章のもとには、洋式兵術を学ぼうとする若者たちが全国から集まった。のちに長州ファイブ（長州五傑《ちょうしゅうごけつ》）と呼ばれる山尾庸《やまおよう》三《ぞう》や井上勝《いのうえまさる》、郵便制度の近代化に力を尽くした前島密《まえじまひそか》などで、彼らは成章から西欧の話を聞き、留学を経験して明治の近代化を担った。

成章は若者たちの指導に当たると同時に、開港地となった利点を生かし、米国貿易事務官に頼んで英語を学んだり、入港中の外国船を訪れて船舶の構造や航海術、測量術を学んだりし、新しい知識や情報を得ることに努力を惜しまなかった。

その成章が江戸出張の際、見識を見込まれ、開成所教授として抜擢されることになった。引っ越し準備と挨拶のため箱館に戻った成章は、奉行所の人々や諸術調所の門下生たちから盛大な見送りを受け、箱館を後にした。赴任当時、二十八歳の名もなき洋学生に過ぎなかった成章は、十年が過ぎ、気鋭の兵学者として江戸に迎えられることになった。

英国に密航留学した伊藤博文ら5人の長州ファイブ。のちに〝鉄道の生みの親〟といわれた井上勝と、工部卿となった山尾庸三が諸術調所の学生だった

幕府の軍制改革に伴い、大砲製造所の頭取を命じられる

幕府は、慶応元年（一八六五）から軍制の改革を行い、フランスから軍事顧問団を招いてフランス式軍制の導入を図った。〝慶応の軍制改革〟である。

こうした時勢の変化は成章を教育者の座に留めず、教授に任じられてわずか一カ月後、早くもその職を解かれ、大砲を製造する責任者に任命された。それというのも、成章は大砲製造に欠かせない製鉄のための溶鉱炉を北海道で建設していたため、武器の国産化に全力を挙げていた幕府は適任者と見込んだのである。軍人や兵学者は、フランス将校の指揮を受けて職務に従うことになり、砲兵頭に任命された成章も器械や弾薬製造を兼任しながら大砲鋳造に従事した。

上／大阪兵学寮青年学舎／明治20年（1887）、大阪城内に陸軍士官を養成するためフランス式の学舎が建設された（大阪城天守閣蔵）
下／将来の将校候補者として教育するために設けられた全寮制の教育機関「陸軍幼年学校」

だが、慶応三年（一八六七）十二月に戊辰《ぼしん》戦争が勃発すると、フランス陸軍将校たちは本国に引き揚げ、慶応の軍制改革は未完に終わった。

　また兄のいる大洲藩とは敵味方に分かれ、成章が設計した五稜郭も幕府方の榎本武揚《えのもとたけあき》が占拠したことで内戦の戦地となり、多くの建物が焼失してしまう結果となった。成章は幕府に御役御免《おやくごめん》（辞職）を願い出て一時松代藩に身を置いた。

明治政府に出仕し、陸軍幼年学校校長に

　成章は、明治になってから新政府の求めで兵部省《ひょうぶしょう》へ出仕することになり、砲兵局築造掛《ちくぞうがかり》を拝命した。当時、新政府では大村益次郎らによって兵制の近代化が進められ、明治元年（一八六八）に士官養成の兵学校が京都に創立されていた。明治二年（一八六九）九月、大阪に移って兵学寮と改称され、さらに翌年には横浜語学所を合併し、兵学寮は青年学舎、幼年学舎の二学部に分かれた。明治五年（一八七二）二月、成章に大阪赴任が命じられ、兵学寮教授として再び教壇に立つことになった。明治七年（一八七四）三月には陸軍大佐及び兵学大教授となり、もはや兵学寮にはなくてはならない存在となっていた。同年十月、青年学舎が独立して陸軍士官学校となったため兵学寮が廃止され、幼年学校は陸軍幼年学校となり、成章はその校長になった。しかし成章は次第に病苦に苛《さいな》まれるようになり、校長職に留まることわずか四カ月で依願退職した。これ以後、成章は一切の激務を離れ、各種兵器の試験委員など名誉職に甘んじた。

　明治十二年（一八七九）、幕末に来日したフランスの陸軍砲兵少佐から明治政府に、成章を欧州に派遣し、圧搾青銅の技術を日本に輸入すれば、莫大な経費節減ができるという勧誘があったが、成章はもはや老境に達したとして辞退した。そして翌年の一月二十八日、静かに息を引き取った。五十四歳であった。

　日本が西洋の技術から大きく立ち遅れ、そのために強引な開国をさせられ、抵抗すれば植民地化される恐れがあった時代、唯一、西洋の知識を得られる蘭書から、まるで推理するように、翻訳だけで実際に物をつくっていったのが成章だった。手探りしながらも近代化を進め、次代を担う多くの後進を育成したという意味で、彼は良き技術者であり、良き指導者であった。

武田斐三郎の顕彰碑。昭和38年、五稜郭築城100周年を記念して建てられた（函館市教育委員会提供）

が何度かの変遷を経て、明治2年8月に設置された県で、現在の宮城県北部と岩手県南部にあたる。県庁は水沢に置かれた。ちなみに東北5カ国には、若松・福島・白石《しろいし》・白河・石巻・登米《とめ》・胆沢・江刺《えさし》・九戸《くのへ》・酒田の十県が置かれた。

このとき敬孝は、権知事に就任することを辞退したと伝えられるが、おそらく気候風土の違いだけでなく、訛《なま》りのきつい東北では言葉も通じないと案じたのだろう。しかし、こうした困難な戦後処理を行えるのは敬孝しかいないと思われたのか、辞退は許されなかった。

敬孝は胆沢県に着任後、早速管内を巡視したが、この年は例年の1割5分ほどの収穫しか得られない大凶作の年だった。凶作の対策として米穀の輸出移動を禁じ、貢納《こうのう》も免じて負担を軽減したばかりでなく、民部省や大蔵省にその実情を報告した。戊辰戦争以来、新政府軍を率いる薩長土肥側は東北地方を見下し、「白河以北一山百文《しらかわいほくひとやまひゃくもん》」つまり、「白河の関所より北は、一山で百文にしかならない荒れ地ばかり」と侮蔑したが、敬孝は県民の救済を講じた。

胆沢県の大参事となった安場保和《やすばやすかず》と、少参事の野田豁《のだひろ》通《みち》は、2人とも熊本藩出身だった。やがて武田と安場との間で意見の対立が生じるようになり、明治3年(1870)5月、敬孝は権知事を罷免《ひめん》された。理由は不明だが、租税の徴収に対し、一揆が起きたことなどが関係したのか、あるいは大藩出身の安場が小藩出身の敬孝に高圧的であったのか。いずれにしても、ゆかりのない土地での戦後処理と新政の基礎確立は、とてつもなく困難なものであったことが想像される。

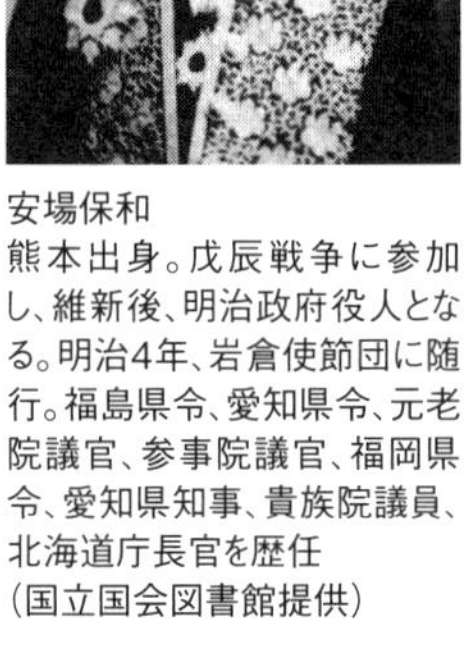

安場保和
熊本出身。戊辰戦争に参加し、維新後、明治政府役人となる。明治4年、岩倉使節団に随行。福島県令、愛知県令、元老院議官、参事院議官、福岡県令、愛知県知事、貴族院議員、北海道庁長官を歴任
(国立国会図書館提供)

以後、胆沢県は県が廃止になるまで知事は補任されず、大参事の安場が取り仕切ったが、安場も明治3年9月に大参事を免官となり、翌年から岩倉使節団の一員として欧米を歴訪し、高い地位に上りつめている。

明治4年(1871)11月2日、胆沢県は府県統合で一関《いちのせき》県・江刺県と統合され、一関県となって廃止された。

◎晩年は宮内省に出仕し、和宮の家令に

敬孝はその後、宮内省に勤め、静寛院宮《せいかんいんのみや》の家令《かれい》となった。静寛院宮とは、将軍・徳川家茂に嫁いだ和宮親子《かずのみやちかこ》内親王が家茂亡きあと落飾《らくしょく》した名である。

皇女和宮親子内親王

静寛院宮は江戸城無血開城後、新政府が上洛を促したため、明治2年1月に京都に戻り、そのまま在住していたが、明治7年(1874)7月、再び東京に戻り、政府が用意した麻布の邸に移った。敬孝が静寛院宮の家令となったのは、明治4年なので、京都にいた時分から宮家の管理監督を務めていたもようである。

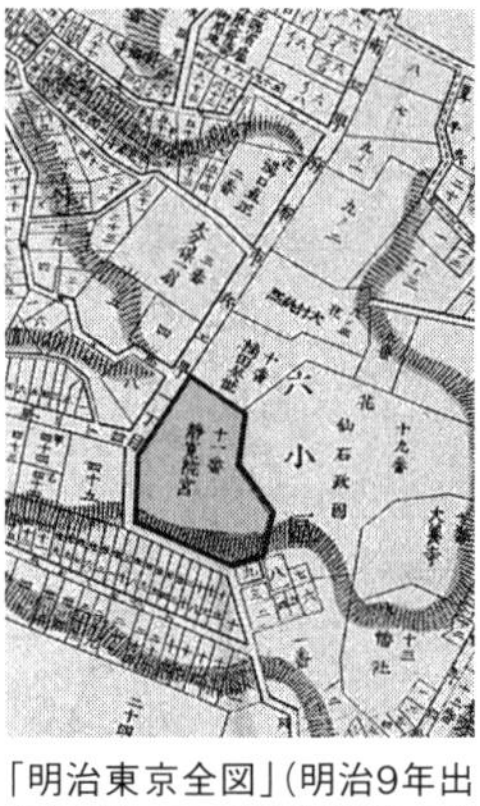

「明治東京全図」(明治9年出版)に載っている静寛院宮の邸(国立公文書館提供)

麻布の敷地面積3,000坪という広大な邸は旧八戸南《はちのへなん》部《ぶ》藩の上屋敷だったところで、30人くらいのお付きの女官が身の回りの世話をし、時に明治天皇や皇后も訪れ、能楽や宴を楽しんだという。

明治10年(1877)8月、脚《かっ》気《け》を患っていた静寛院宮は、主治医に転地療養を勧められたため箱根に行ったところ、翌9月2日、脚気衝心《しょうしん》によって呼吸困難となり、32歳という若さで薨去した。敬孝は、8月30日に「お付き」を命じられているから、このとき同行していたものと思われる。

敬孝は梨本宮《なしもとのみや》家の家令も兼任していたが、明治18年(1885)に病となり、辞職。翌年2月7日、67歳で没したその生涯は、まさしく勤王を貫いたものであった。

足軽から藩校教授、侍講《じこう》へ大抜擢された武田敬孝《ゆきたか》
維新後は東北胆沢《いさわ》県の権知事《ごんのちじ》に

武田敬孝（大洲市立博物館蔵）

江戸で見聞した新しい世界に感化された人

武田亀五郎敬孝は、武田斐三郎《あやさぶろう》成章の兄である。文政3年（1820）2月4日、大洲藩御《お》旗組小頭《はたぐみこがしら》という下級職にあった武田敬忠の長男として大洲中村に生まれた。

父が52歳で亡くなった後、亀五郎、斐三郎兄弟は古学堂や藩校明倫堂に学び、とりわけ亀五郎は詩感が豊かだったことから師・山田東海に寵愛《ちょうあい》された。

天保10年（1839）には、父の代勤として江戸に在番《ざいばん》し、郷里とは異なる広い世界を見聞きし、多くの人に感化された。なかでも日本橋の豪商・大橋家の養子となり、その援助で同地に「思誠塾《しせいじゅく》」を開き、子弟の育成に努めた大橋訥庵《おおはしとつあん》から影響を受けた。

訥庵は尊攘派の志士で、昌平黌《しょうへいこう》の教授である佐藤一斎《さとういっさい》の門人でもあった。和宮降家《かずのみやこうか》（皇女和宮と徳川14代将軍家茂《いえもち》との結婚）に反対し、それを実現した老中・安藤信正《あんどうのぶまさ》を襲撃した「坂下門外《さかしたもんがい》の変」を企てたとして投獄され、文久2年（1862）に死亡している。

異例の大抜擢で、頭角を現す

亀五郎は大洲に帰藩後、その学識と時勢を洞察する卓見とが認められ、足軽小頭から、歩行小姓、中小姓、そして給人《きゅうにん》へと異例の登用がなされた。

さらに明倫堂で儒学や兵学を講じるようになり、やがて教授へと昇進した。そのかたわら藩主に学問を教える侍講となり、泰祉《やすとみ》、泰秋、泰令《やすのり》に勤王の大義を説いて藩論を導いた。また慶応2年（1866）には物産掛《ぶっさんがかり》となり、大久喜《おおくき》銅山（現内子町）の開発が急務だと上申している。

藩校明倫堂は枡形通りの観光駐車場の場所にあった

幕末、周旋方《しゅうせんがた》を命じられた敬孝は、藩命で土佐・長州などと友好の折衝を重ね、京都で情報を収集して藩当局に多くの報告書や建白書を提出。藩の去就《きょしゅう》を誘導している。

権知事として赴任した胆沢県は折しも大凶作

明治2年（1869）、勤王方として戊辰戦争で戦った大洲藩はその功を認められ、明治維新後、敬孝は胆沢県発足当時の権知事《ごんのちじ》となった。

胆沢県は明治元年（1868）、明治政府により仙台藩・一関《いちのせき》藩から没収された所領（陸前国《りくぜんのくに》北部および陸中国《りくちゅうのくに》南部）

岩手県胆沢町（現奥州市）の散居集落（奥州市提供）

勤王藩の幕末期と大洲藩の群像③

大洲藩と坂本龍馬

いろは丸と大洲藩

明治維新を一年後に控えた慶応三年(一八六七)四月二十三日、濃霧の瀬戸内海で大洲藩の蒸気船・いろは丸が、紀州藩の船・明光丸と衝突して沈没した。いろは丸は坂本龍馬率いる海援隊に貸与されていたもので、龍馬たちは紀州藩に賠償を求め、真っ向から論戦を挑んだ。大洲藩士・豊川渉《わたる》の残した記述と、発見された「いろは丸売買契約書」から、いろは丸の真実を解き明かす。

いろは丸契約書が解き明かした真実

平成二十二年、蒸気船「いろは丸」購入の契約書が見つかった。外包みには「大切にしまっておくように。後に必要があれば差し出すこと」と記され、十三代藩主・加藤泰秋《やすあき》の署名と加藤玄蕃《げんば》、大橋播《はり》磨《ま》、加藤右一郎ら家老三人の署名と押印があり、ポルトガル語の契約書が包まれていた。

大洲市はこの年の四月二十三日に内容を翻訳して公表したが、その契約書には、それまでの通説を覆す真実が書かれていた。

まず船を購入したのは、オランダ人ボードインからといわれていたが、長崎ポルトガル領事のジョゼ・ダ・シルヴァ・ロウレイロであることが判明した。

いろは丸は、ロウレイロが所有していた「アビゾ号」で、購入価格は四万メキシコバタカ(万延小判三万四千両)である。『大洲藩史料』には、四万二千両を五度の払い込みで購入したと記録されている。

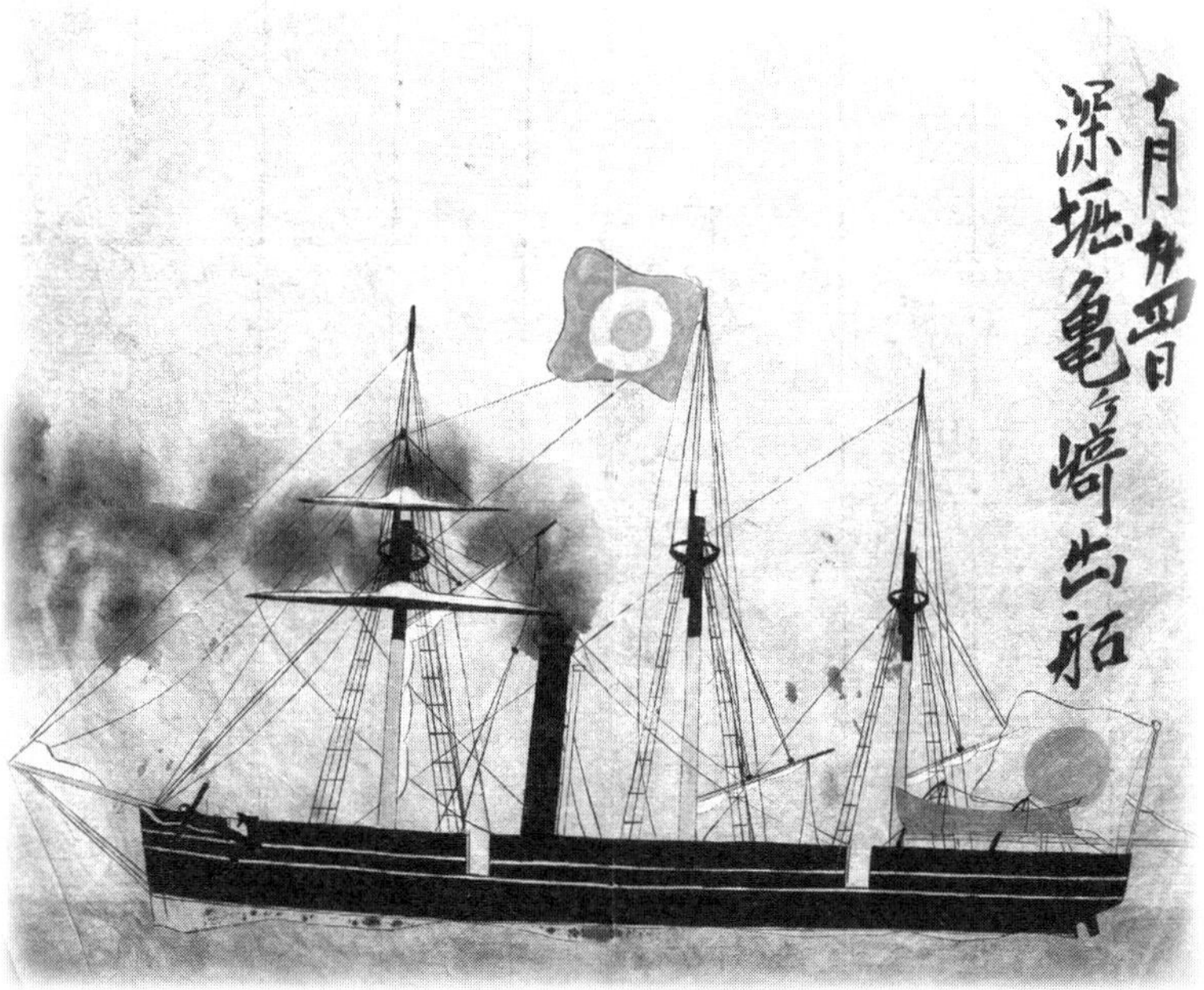

『白帆注進外国船出入注進』掲載のいろは丸(公益財団法人鍋島報效会所蔵／佐賀県立図書館寄託)

従来、いろは丸は大洲藩郡中郡《ぐんちゅうこおり》奉行・国島六左衛門が龍馬に勧められ、独断で購入したとされていたが、藩主と家老の署名押印から藩命であったことがわかる。紀州藩の『南紀徳川史』にボードインの名前があり、そのことが売主の名前だと勘違いさせることにつながったようだが、これは賠償金をボードインからの借金返済に充てたというもので、同書には、紀州藩からの賠償金の一部一万四千三百両と、外国への支払分二万三千七百両が、慶応三年十月より次の年の九月までの支払いに記されている。

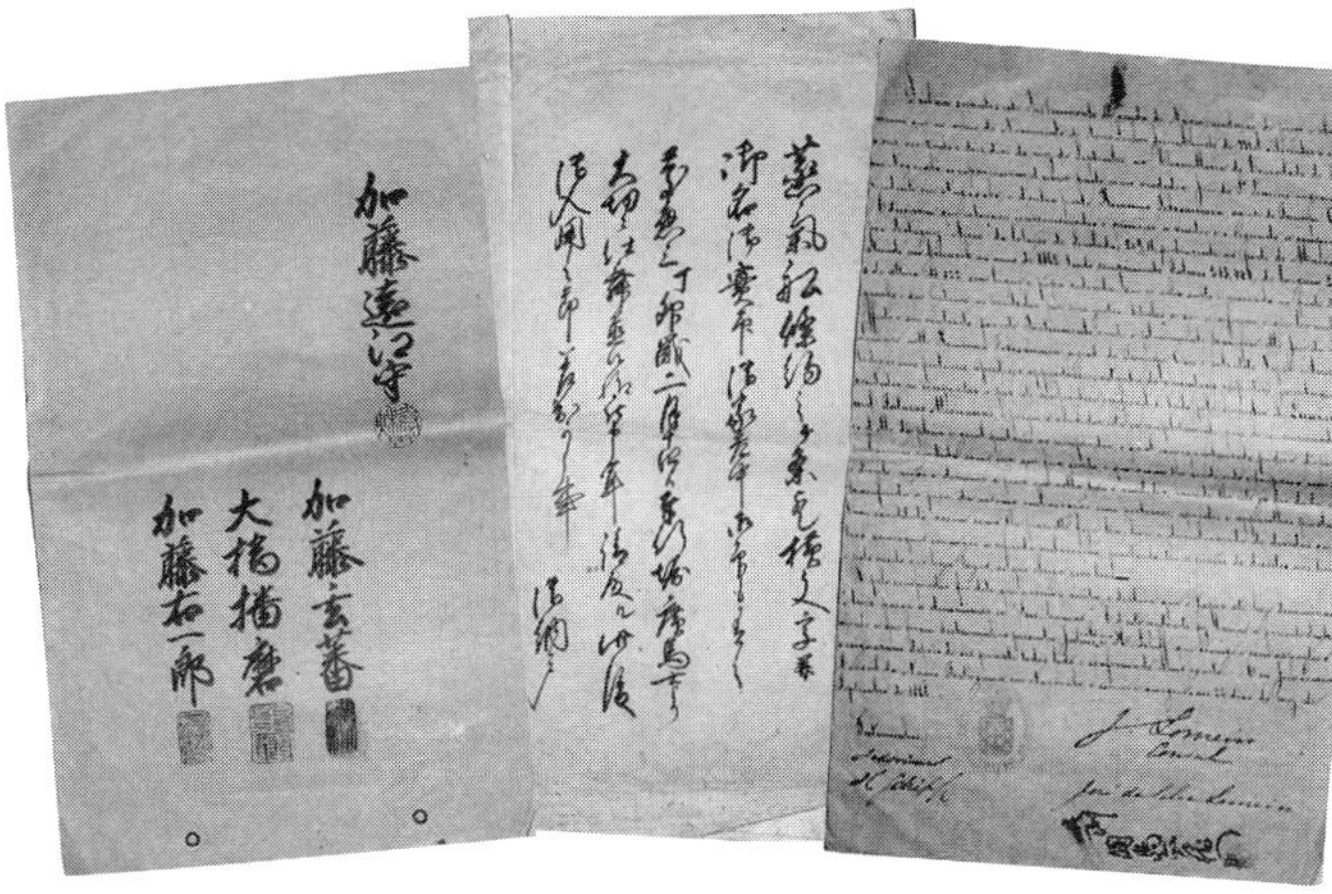

ポルトガル語によるいろは丸購入契約書の写し。幕府に届けを出さずに船を購入したことを隠すための工作がミステリーを生んだ（大洲市立博物館提供）

国島六左衛門の自刃

いろは丸事件とも呼ばれるこの出来事は、慶応二年（一八六六）七月、国島六左衛門が藩士・井上将策《しょうさく》とともに長崎出張を命じられ、薩摩藩士・五代才助《ごだいさいすけ》の周旋《しゅうせん》でアビゾ号という名の蒸気船を購入したことから始まった。六左衛門より先に大洲藩士・小野充之助が事前に船購入の画策をしていたとも見られているが、確証はない。その船は長さ百八十尺、六十五馬力、約四百五十トンで、のちに「いろは丸」と呼ばれた。

いろは丸は、慶応二年十一月十九日に長崎を目指して長浜港を出航。十一月二十二日の早朝に長崎港へ着いたいろは丸は、石炭などを積んで出航を待つが、なかなか出航日が決まらない。ようやく十二月二十五日の出発と決まった。

いろは丸が一カ月余り長崎港に碇泊していたのは、六左衛門が金策に走り回っていたためだった。

二十五日の丑《うし》の刻《こく》（午前二時）頃、六左衛門の隣室に寝ていた井上将策は、「将策、将策」と呼びかける声に目を覚ます。驚いた将策が国島六左衛門の部屋に入ると、六左衛門が血にまみれた短刀を手にして悶絶していた。遺書はなく、自刃の原因はよくわかっていない。

この時、五代才助と坂本龍馬が六左

国島六左衛門の墓。大洲市の寿永寺にある

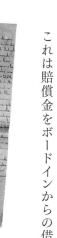

坂本龍馬。長崎で上野彦馬が撮ったもので、ふくらんだ懐にはピストルと『万国公法』が忍ばせてあったともいわれる（高知県立坂本龍馬記念館提供）

衛門の宿を訪れたというが、龍馬は下関にいたことが証明されている。

瀬戸内海で起こった日本初の海難審判事故

大洲藩は、いろは丸を坂本龍馬率いる海援隊の海運業務のため、一航海十五日につき五百両で貸し出すことを決めた。海援隊の初仕事は長崎から大坂へ薩摩藩の物資を運ぶことで、その運搬に大洲藩のいろは丸が使われたのである。

慶応三年四月二十三日の午後十一時、濃霧に包まれた備讃瀬戸の六島《むしま》沖で、突然、いろは丸の前に長崎へ向かう紀州藩の蒸気船・明光丸が迫ってきた。いろは丸はこれを避けようとしたが、明光丸が衝突してきた。ぶつかったのち、明光丸は一旦退くが、再び前進していろは丸に突っ込んだ。龍馬たちは、いろは丸の積み荷を明光丸に載せるように頼んだが、うまく船を寄せられない。いろは丸を曳船し、衝突地点から二里ほど西に進んだが、いろは丸は備後《びんご》宇治島《うじしま》沖で積荷もろとも沈んでしまった。

紀州藩と海援隊の論戦

いろは丸が沈没した後、双方は鞆《とも》の浦《うら》に上陸し、三日間に渡って賠償が討議されたが、この交渉は決着せず、長崎で再交渉された。

海援隊は、衝突時の明光丸が見張りに必要な士官を配置していなかったこと、二度目の衝突により致命的な損傷を受けて沈没したことを主張し、事故は明光丸の明らかな過失であるとした。紀州藩は、いろは丸が大洲藩から借り受けたもので土佐藩の船でないと反論したが、土佐藩の旗を立てた航行であることを理由に、この反論を封じた。龍馬は『万国公法』を持ち出し、国際ルールを守ろうと主張している。

長崎の人々は、傍若無人《ぼうじゃくぶじん》な振舞をする紀州藩士に対する不満を持っていた。龍馬はそれも利用した。長崎の花街で「船を沈めたその償いに、金を取らずに国をとる」という戯歌《ざれうた》を歌わせると、この歌はたちまち長崎市中に広がった。また、海援隊が長崎停泊中の明光丸を襲撃するという噂も、紀州藩士を怯《おび》えさせた。

五月二十二日から土佐藩参政・後藤《ごとう》象二郎《しょうじろう》と紀州藩勘定奉行・茂田一次郎の間で話し合いが持たれた。

後藤象二郎は、たとえ親藩であろうと

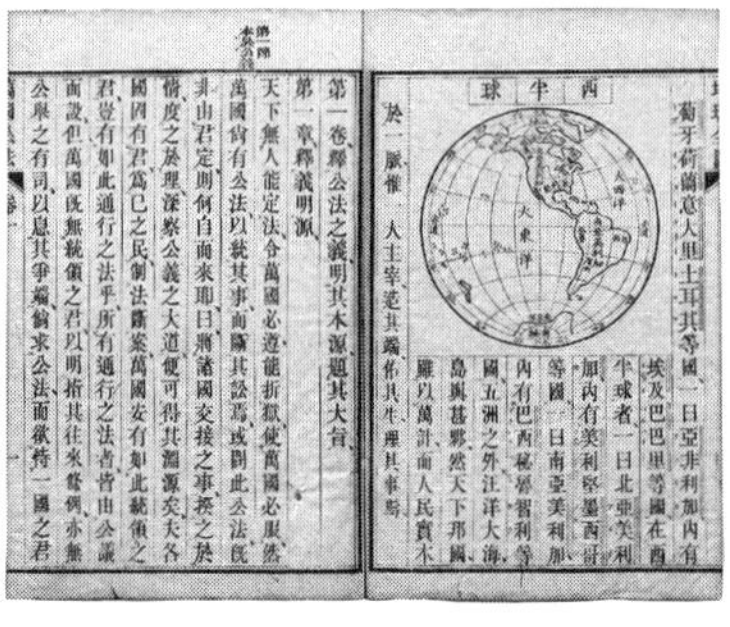

『万国公法』（国立国会図書館蔵）

も一戦交える覚悟があることを示している。一次郎は交渉妥結に向けて動き出した。一次郎は薩摩藩の五代才助に仲介を頼み、翌月に八万三千両あまりの賠償金で手を打つ。このことで、一次郎は勘定奉行の職を解かれ、蟄居《ちっきょ》謹慎の身となった。あとを受けた紀州藩士の岩橋轍輔《てつすけ》は、十一月七日に海援隊の中島作太郎に会って約束の取り消しを求めたが、作太郎は決着済みであると首を縦に振らず、賠償金を七万両に減額することだけを認めた。

事件を記録した大洲藩士

こうした経緯を日記に記録していたのが、豊川渉《わたる》である。渉は、物心ついてからの出来事を克明に日記に書きつけていた。十九歳の慶応二年十一月から翌年四月まで、いろは丸に乗船していたことから、その詳細をまとめたのが、大正七年（一九一八）刊行の『いろは丸終始顛末』であり、出生から昭和三年までの記録をまとめたのが『思出之記《おもいでのき》』である。

龍馬と大洲の関係

龍馬は、その年の六月九日、京都に向かう船の中で、朝廷の下に議会を置いて政策決定をするという内容の「船中八策」をまとめ、後藤象二郎から幕府の老中に届けられた。将軍・徳川慶喜の「大政奉還」で、時代は新しく動き始めたが、その矢先、龍馬は三十三歳の誕生日（十一月十五日）に刺客の手で命を絶たれてしまう。

豊川渉は、明治35年（1902）に郡中町の5代目町長となり、郡中の発展のために尽くした（伊予市教育委員会提供）

文久二年（一八六二）、龍馬は土佐を脱藩する折、土佐から大洲藩を抜けるコースを選んでいる。龍馬は険しい山道を通って四国山地を横切り、大洲城下を経て長浜に着き、船に乗って長州へと向かう。広い世界に旅立とうとする龍馬の活躍は、大洲長浜から始まった。

いろは丸の事故によって、龍馬は権威に負けない不屈の心と国際的な視野を有するとの評価を受ける。龍馬は、奔馬《ほんば》のごとく幕末を駆け抜けた。

龍馬が新しい道を切り拓く際、大洲はそのきっかけとなっている。人を動かし、時代を変えるエネルギーが、大洲のどこかに潜んでいるのかもしれない。

肱川の河口にある長浜の船溜り「江湖」。近代以降、物資の集散地として栄えた

激動の幕末、混迷の明治①

知られざる勤王小藩の幕末

大洲城本丸広場に、ややもすれば見過ごされそうな小さな碑がある。戊辰戦争《ぼしんせんそう》の際、大洲藩が二小隊を編制したときに名付けた「武成隊」の碑である。倒幕に向けた薩摩、長州、佐賀、土佐藩など雄藩の事績は広く知られているが、大洲藩など小藩はほとんど知られていない。だが、大洲の人たちが秘かに誇りとしてきたことがある。朝廷の命に忠実に従った大洲藩には、戊辰戦争後、華麗で晴れやかな役割が仰せられたのである。幕末、大洲藩にどのようなことがあったのだろうか。

黒船来航から、幕府が政権を返還するまで

激動の幕末は、嘉永六年（一八五三）の黒船来航と、その後の幕府の対応から始まった。

欧米列強からの圧力に抗しきれず、勅許なく開国・通商の選択をした江戸幕府に対して非難の声が高まり、それを押さえ込もうとする過酷な弾圧が断行された。また、開国によって外国人が日本に入ってくると、文化や習慣の違いなどから攘夷《じょうい》の嵐も激しく吹き荒れた。イギリスと薩摩藩とのあいだに起きた「薩《さつ》英《えい》戦争」、長州藩と四国連合艦隊（イギリス・フランス・オランダ・アメリカ）とのあいだに起きた「下関砲撃事件」などによって欧米列強との差をいやおうなく認識させられた両藩は、やがて観念的な攘夷論を排し、開国論へと傾くとともに、

甲府城警備や奥羽討伐に貢献した武成隊の碑が、肱川を背にするように立っている。碑には「明治庚午仲秋」とあり、明治3年（1870）の秋に建立されたことがわかる

上／元治元年(1864)、四国連合艦隊下関砲撃事件は、長州藩の外国船砲撃に対する報復として行われた

下／イギリス・アメリカ・フランス・オランダの四国連合艦隊と戦った結果、長州藩の前田砲台は上陸した連合軍に占拠された

弱体化した幕府を倒し、新しい国をつくろうとする動きへと変わっていった。

坂本龍馬の斡旋で討幕に向けた「薩長連合」が成立し、孝明天皇亡き後、朝廷内でも討幕派が台頭。十五代将軍に就任した徳川慶喜《よしのぶ》は、土佐藩の建白を入れて「大政奉還」を行い、政権を朝廷に返還したため、「討幕の密勅《みっちょく》」を得ていた薩長倒幕派は、これにより足元をすくわれた格好となった。

錦の御旗《みはた》に愕然、朝敵《ちょうてき》となった慶喜の逃亡

大政奉還の実態は、幕府の政権掌握《せいけんしょうあく》が続くものだったため、武力による討幕を目指していた勢力は、この状況を打破しようと朝廷に働きかけ、十二月九日、明治天皇から新政府成立の宣言「王政復古の大号令」が発せられた。これにより江戸幕府は廃止され、徳川慶喜に辞《じ》官納地《かんのうち》(官位と領地を返還すること)を求めるとともに、新たに政権を担う総裁、議定《ぎじょう》、参与の三職を設置する新政府の樹立が宣言された。

慶喜は辞官納地と引き換えに、議定に任命されようと大坂で上洛準備をしていたが、十二月二十八日、江戸警備にあ

たっていた庄内藩士らが西郷隆盛の仕掛けた挑発に乗り、薩摩藩邸を襲撃したという知らせが入り、薩摩討つべしとする主戦論を抑えることができなくなった。

　翌年一月二日、旧幕府軍約一万五千が京都へ向けて進軍し、伏見奉行所と淀の二手に分かれた。迎え撃つ新政府軍も伏見《ふしみ》方面と鳥羽《とば》方面に分かれて待機。兵力は五千人足らずで、旧幕府軍の三分の一以下だった。

　旧幕府軍は京都市中の治安を守り続けてきた会津藩や新撰組で、士気は高かったものの、新政府軍の訓練された洋式軍隊や、最新の兵器を使った近代的な戦闘にはかなわなかった。

最後の将軍・徳川慶喜

　一月四日、朝廷は軍事総裁である仁《にん》和寺宮《なじのみや》嘉彰《よしあき》親王に錦旗《きんき》を授け、征夷大将軍に任命した。この時点で、新政府軍は朝廷の軍隊である官軍となり、旧幕府軍は朝敵となった。五日、錦《にしき》の御旗《みはた》を掲げた新政府軍が淀付近まで進軍したところ、これを見た旧幕府軍は意気阻《いきそ》喪《そう》し、大坂城まで撤退。錦の御旗は絶大な効果を発揮し、あくまでも戦うことを宣言していた慶喜は、翌六日の夜、わずかな重臣を引き連れて大坂城を脱出し、幕府の軍艦「開陽丸」で江戸に戻った。七日、慶喜不在を知った城中の兵は大混乱となった。

江戸城の無血開城と東北への戦域拡大

　同日、新政府は徳川慶喜に対する追《つい》討令《とうれい》を発し、京都守護職を務めていた松平容保《まつだいらかたもり》（会津藩主）、松平定敬《さだあき》（桑名藩主）など、旧幕府の要職にあった大名らの官位も剥奪《はくだつ》した。

会津藩主・松平容保（国立国会図書館提供）

　新政府軍は二月十五日、江戸へ向けて徳川征討に乗り出したが、旧幕府側の勝海舟は薩摩藩の西郷隆盛と会談し、江戸城総攻撃は回避された。

　「江戸城無血開城《むけつかいじょう》」はなされたものの、その後、多くの旧幕臣が脱走し、関東各地で激しく抗戦した。会津を中核とする東北諸藩は奥羽列藩同盟《おううれっぱんどうめい》や奥羽越《おううえつ》列藩同盟を結成して対抗し、長岡落城、会津落城に及んでようやく降伏。明治二年（一八六九）五月、五稜郭の戦で榎本武揚軍が降伏し、内戦は終わった。

勤王の藩風があった大洲藩

西郷隆盛（国立国会図書館提供）

勝海舟

会津若松城天守東面／戊辰戦争で被弾し、著しく破損している（国立国会図書館提供）

この一連の戦いのなかで、大洲藩はどのような役割を果たしたのだろうか。

もともと大洲藩は、藩主であった加藤氏が勤王家で、藩士にも勤王の志士が多かった。

その理由として考えられるのは、藩主が藩士や領民に学問を奨励する「好学の気風」があり、藩校や私学の塾など、学ぶ環境が整っていたことがある。儒学興隆の礎《いしずえ》を築いた姜沆《カンハン》や中江藤樹、盤珪《ばんけい》禅師、常磐井厳戈《ときわいいかしほこ》、矢野玄道《やのはるみち》など、高名な思想家や国学者と関係があり、特に勤王思想が色濃く現れた国学が広く浸透していたことも挙げられる。

さらに幕末には、国学者の常磐井厳戈が開く古学堂に学び、教えを受けた武田敬孝《ゆきたか》ら勤王派が藩の重要なポストを占めていたことも理由として挙げられる。

幕末の藩主・加藤泰祉《やすとみ》は父・泰幹《やすもと》が四十歳で亡くなったあと、十歳で家督を相続したが、幼い藩主を長年教導してきたのは侍講《じこう》・武田敬孝で、藩主の成長後も、しばしば藩政に対して具申《ぐしん》してきた。

文久二年（一八六二）六月、大洲藩は山本尚徳《ひさのり》、武田敬孝、中村俊治を周旋方《しゅうせんがた》とし、新谷《にいや》藩は香渡晋《こうどすすむ》を同役に任命して京都に派遣した。周旋方とは、情報の収集や他藩との折衝に当たる役目で、幕末期、多くの藩は「周旋方」や「探索方」という任務を帯びた藩士を江戸や京都に送り込んだ。武田ら大洲藩の周旋方も、公卿《くぎょう》を通じて志士たちと接触し、時代の空気を敏感に察知していた。

大洲藩は土佐藩と連絡を取り合い、ひんぱんに行き来していたが、藩主・泰祉の姉、千賀が長府藩主・毛利元周《もうりもとかね》に嫁いでいた関係もあり、長州とも密接な交際をしていた。

　しかし、大洲藩が紛《まが》うことなき勤王となったのは、京都の山本尚徳や武田敬孝が公卿に働きかけ、朝廷から「滞京召命《たいきょうしょうめい》の内勅《ないちょく》」を得て、京都警備を許可されたことだった。かねてより活躍の場をさがしていた大洲藩は、約六十人の警護計画を差し出すことができ、これが勤王の立場を明確にするきっかけとなった。

　武田から、尊王攘夷で藩論を統一するよう建言を受けた泰祉は、文久三年（一八六三）十月、大洲に帰藩するとすぐに家臣に総登城を命じた。そして、勤王の方針を宣言するとともに、いざというとき藩が結束していなければ、身を挺して国に尽くすことができないと家臣に訓辞した。しかし、諸国の新しい考えの人たちと数多く接触している武田らと違い、大洲に留まる家臣には守旧派《しゅきゅうは》が多く、時局の認識に大きな隔たりがあった。

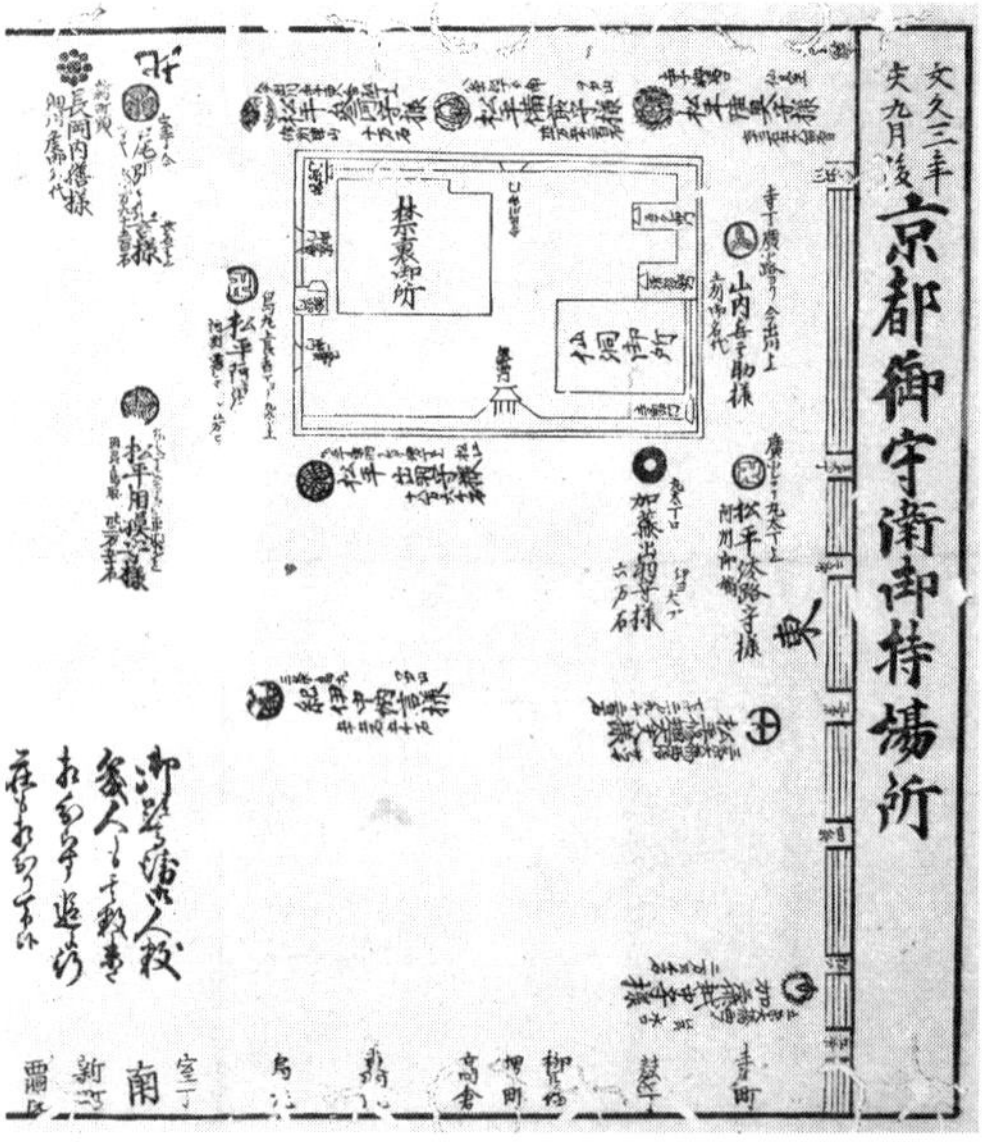

「八月十八日の政変」における京都御守衛御持場所図。大洲藩の持ち場は中央右の「加藤出羽守様」のところ（高知県立坂本龍馬記念館提供）

京都御所

　泰祉は、元治元年（一八六四）五月、弟の泰秋《やすあき》を政事相談役に任命して藩主の指導力を強化したため、ようやく藩論は勤王で統一されたが、まもなく体調を崩し、同年八月、二十一歳という若さで病死した。
　その三カ月後、第十三代藩主となった加藤泰秋は、まだ十八歳の若者だった。

戊辰戦争で果たした大洲藩の役割

　慶応元年（一八六五）三月、大洲藩は朝廷より御所《ごしょ》警衛のため、藩兵の上京を命ぜられた。同二年六月には摂州《せっしゅう》西宮御《ご》陣屋《じんや》の警衛を命ぜられ、二百名を出兵。

　慶応三年（一八六七）三月、「薩長同盟」が成立した。大政奉還がされると、大洲藩はいち早く家老・大橋播磨《おおはしはりま》が兵を率いて入京。幕命で西宮警備を行っていた大洲藩は長州に使者を送り、討幕のため上京する際には支援することを密約した。

同年十一月、長州藩兵千三百名は三《み》田尻《たじり》港を出発し、御手洗《みたらい》に入港停泊。大洲藩は宿所の手配をはじめ、賄《まかない》・草鞋《わらじ》などの準備や、貨物の陸揚げ、提灯《ちょうちん》・合印《あいいん》などすべてを用意した。

大洲藩の役割は、京都への往来が許されない朝敵扱いのままの長州兵を支援することで、長州藩兵が西宮に着くと大洲藩兵は秘かに上陸させ、兜山《かぶとやま》山麓に陣を構えることができた。大洲藩の西宮警守隊はわずか二百名ほどであったが、この長州支援は鳥羽・伏見戦で政府軍が勝利する要因にもなった。

十二月九日、岩倉具視《いわくらともみ》ら討幕派の公家や薩摩藩によって「王政復古」が宣言され、朝敵扱いになっていた長州藩の復権が決まった。

岩倉具視（国立国会図書館提供）

朝廷は、関東方面から西上してくる徳川軍を防ぐため、大洲・彦根・平戸・大村・津和野の五藩に大津への出兵を命じた。大洲藩はこのころ、京都市中警備にあたっていたが、在京するのはわずか一小隊だけだったため大津出兵を免じてもらった。小藩の大洲藩は、すでに人員不足の解消に向けて農兵隊を組織し、新撰隊や郷筒《ごうづつ》といった隊ができていたが、それでも要望に応じきれない悲哀があった。

このとき大洲藩は、別の重要な密命も受けていたとの説がある。戦いが形勢不利となったときは、天皇が乗られる鳳輦《ほうれん》を叡山《えいざん》に移して動座《どうざ》したと敵を欺《あざむ》き、その間、ひそかに天皇を山陰へ移すという策で、その守護が大洲・平戸・大村・津和野の四藩に命ぜられていたというのだ。

慶応四年（一八六八）一月二日、王政復古に憤激した幕府側と、薩長を中心とする討幕派との間で、ついに戦が始まった。戦闘は一月三日の夕刻、鳥羽と伏見でほぼ同時に始まり、鳥羽には薩摩藩約三千、伏見には長州藩約一千、土佐藩約一千二百がいたが、徳川軍にはその三倍の兵力があった。しかし、三日夜から翌四日にかけての激戦で徳川軍が敗れ、薩長軍が追撃するかたちになった。

大洲藩「武成隊」の東北転戦、蒸気船にも乗って移動

大洲藩の京都留守居役《るすいやく》は、五月十四日、甲府城の警衛を命じられたため、早速国許に知らせ、直ちに二小隊を編成。「武成隊」と名付け、百十八名を出発させた。部隊は六月七日に京都に着き、十日に出発して甲府に入ったのは七月一日である。

七月十六日には、江戸への転進を命じられたため甲府を出発したが、暴風雨や洪水で通行の見込みが立たず、道を迂回

して八月三日にようやく東京に着いたところ、大総督府から奥州へ向かうよう命令が出されていた。

八月七日、大洲藩兵は品川沖で肥前藩の蒸気船「翔鶴丸《しょうかくまる》」に乗船し、十日夕刻、常陸国平潟《ひたちのくにひらがた》港に到着した。新政府軍は駒ヶ嶺《こまがみね》方面で敵軍に襲われ、伏見以来の激戦となって、戦死者は敵が約六千、味方は諸藩合わせて約千五百にのぼったが、大洲藩兵は軽傷二名、戦死一名であった。

その後、仙台に転戦し、仙台城は降伏したため、大洲藩兵は肥後・薩州とともに仙台の警備にあたった。

十月に入り、大洲藩兵は総督府から、官軍の参謀を殺害した下手人五名の東京護送を命ぜられ、道中費用として六百両、預人賄料《あずかりにんまかないりょう》百両が下付された。

十一月二日、大総督府から奥州征討軍に対して慰労の達しがあり、隊長らには給物《たまわりもの》、兵には酒肴代五十両が下賜《かし》された。

大洲藩兵は、十一月十七日に横浜から英国蒸気船に乗船し、二十日に神戸へ入港。大洲には十二月一日に着いた。藩兵は藩主から祝酒をもって慰労され、後日、藩主泰秋には朝廷から二千両もの御《ご》褒金《ほうきん》が下賜された。

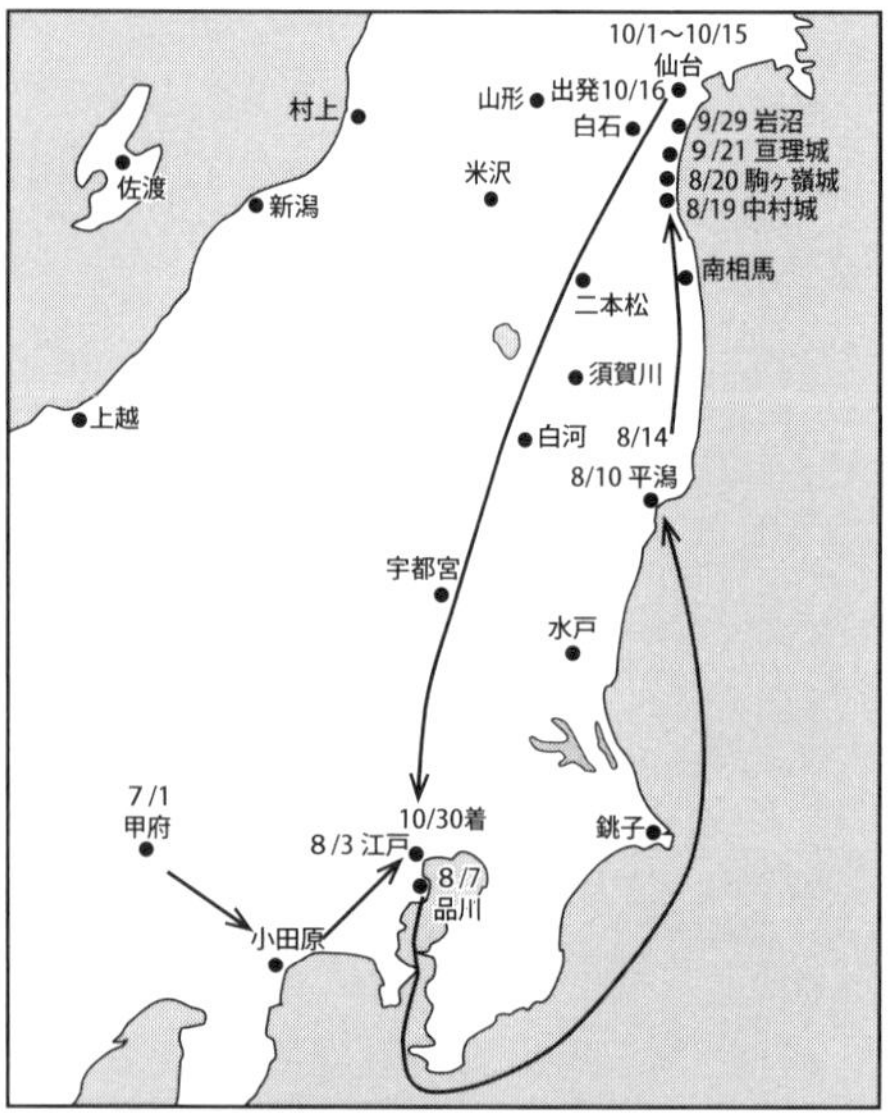

大洲藩進撃図（甲府警備のため大洲を出発し、大坂、京都を経由して7月1日甲府に到着。東京進軍を命じられたその後の移動を表している）

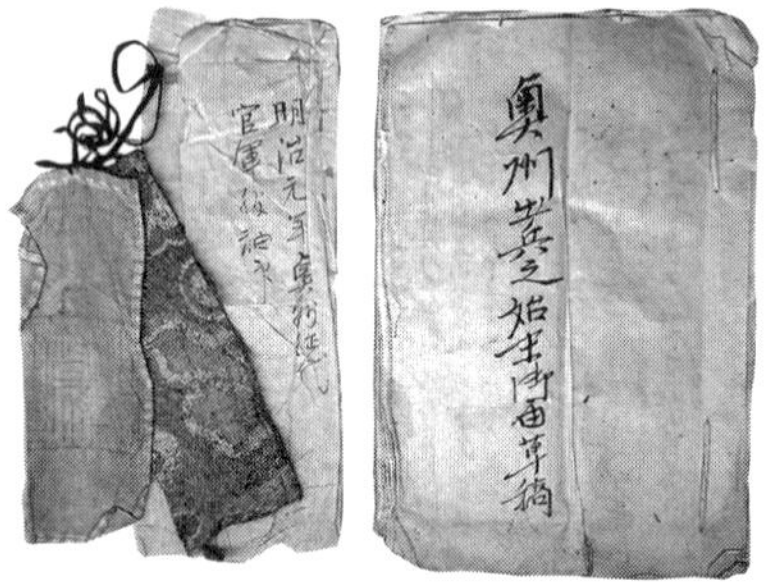
奥州出兵之始末御届草稿と官軍服袖印（大洲市立博物館蔵）

東京行幸《ぎょうこう》供奉《ぐぶ》の陳情がかなう

慶応四年七月十七日、江戸は東京と改称され、天皇の東幸《とうこう》（東京行幸）が布告された。京都の留守居役から報告を受けた藩主泰秋は、八月十五日、藩士全員に登城を命じ、上京して天皇東幸に随従する決意を明らかにした。

京都では、留守居役が天皇東幸の供奉（行列のお供）を拝命したいと陳情を続けていたが、その甲斐あって「前駆《ぜんく》供奉」が仰せ付けられた。騎乗姿で行列を先導する晴れがましい役目である。九月十三日、泰秋はお召しによって参内《さんだい》し、天皇に拝謁すると、東幸は九月二十日に決定

したと布告された。行幸とはいうものの、実際には京都から都を移す遷都《せんと》の準備ともいうべきものである。

そして当日、総勢三千三百名にものぼる天皇の行列は建礼門《けんれいもん》を出発した。前衛長州藩兵に続いて先陣大洲藩兵三小隊が続き、泰秋は騎馬で前駆を務めた。後衛には長州兵・備前兵・新谷兵が続く。

新政府の官僚や大名は狩衣《かりぎぬ》、直垂《ひたたれ》に威儀《いぎ》を正《ただ》し、天皇は鳳輦《ほうれん》に乗って行列は秋の東海道をゆっくりと進んだ。

途中、天皇は生まれて初めて海を見て、太平洋のうねりをしばし無言で眺めた。

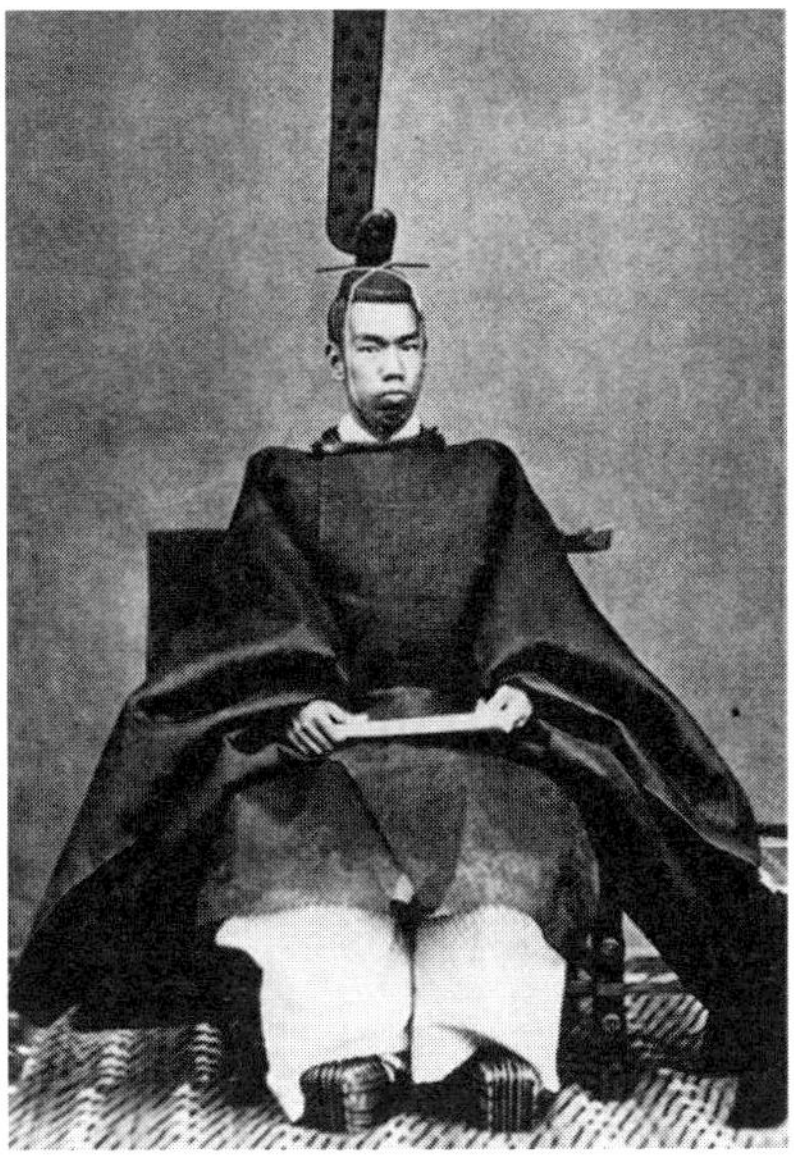
明治天皇／慶応3年、14歳で即位

この時の天皇は、十五歳である。ときには、予定を変更して漁師たちの地引き網を見物したりもした。沿道で土下座する民衆に迎えられながら旅を続けること二十数日、供奉の面々は水害や戦災に苦しむ難民たちに一万一千三百両に及ぶ金品を配り、十月十三日、ついに江戸城西ノ丸に入城した。

天皇は東北平定の祝宴を催し、諸将の労をねぎらわれた。この東幸は、民衆に、政権が朝廷に戻ったことを知らしめる一大デモンストレーションで、その経費は七十八万両に上ったといわれる。

十二月八日、天皇は京に帰る還幸《かんこう》の途《と》に就き、十二月二十二日、京都御所に到着。無事守衛の任を果たした泰秋は五日後、御暇願書を差し出し、翌日認可されたため帰藩した。

大洲藩は六万石の外様藩ではあったが、天朝を尊び、教学を興して人材を登用し、維新の大業を遂げたとして、藩主泰秋は「小藩の名君」といわれた。

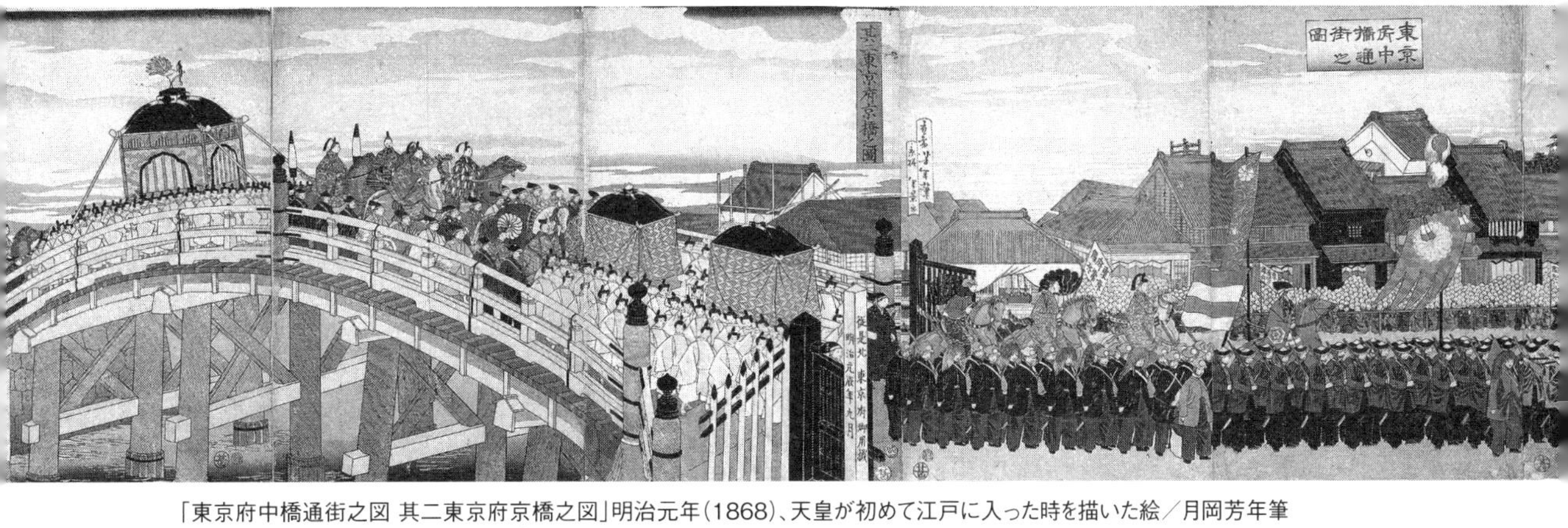
「東京府中橋通街之図 其二東京府京橋之図」明治元年（1868）、天皇が初めて江戸に入った時を描いた絵／月岡芳年筆
（東京都立中央図書館特別文庫室蔵）

激動の幕末、混迷の明治②

大参事・山本尚徳《ひさのり》を自刃《じじん》に追いやった「大洲騒動」とは、なんだったのか

明治維新以来、政府はさまざまな改革を行い、新しい時代の構築に向けてスタートを切った。反面、急激な変化は社会に大きな不安を引き起こし、ついには藩知事が東京へ移るにあたり、農民たちの不安は失望へと変わり、猛烈な反感を持って各地で騒動を起こすに至った。明治四年（一八七一）八月、大洲で勃発した大洲騒動（若宮騒動）もそのひとつで、封建社会から近代社会へと移り変わるその過程には、さまざまな犠牲や混乱が伴ったのである。

名目上の返還から、実質的な返還へ

明治二年（一八六九）一月、薩長土肥の四藩主が、土地と人民を天皇にお返しする「版籍奉還」を上表《じょうひょう》し、諸藩もこれに続いた。これが許可され、もとの領主は政府に任命された藩知事となったため、その藩の領地、領民は従来どおり支配された。

しかし、中央集権的な政府の樹立を

大洲城近くの河原には大勢の武装農民が集結した

めざす明治新政府に必要だったのは、領地支配権を政府に集めることで、いくら名目的に奉還されたところで、実質的に支配体制が維持されたままではどうにもならない。明治四年七月、政府が次にとった政策は旧領主が支配する藩を廃止し、それに替わって県を置くことにより、名実ともに行政を担えるようにする「廃藩置県」だった。

政府は滞京中の藩知事を宮中に招集し、その旨を告げたことから、藩知事たちは職を解かれ、東京に集められることになった。

このとき、諸藩が特に抵抗しなかったのは、職を辞した藩知事には華族としての特権が与えられ、家禄が支給されるばかりでなく、士族にも俸禄が保証され、旧藩時代の債務なども政府に継承されるためだった。

政府は、藩知事がいなくなったあとの地方行政は追って知らせるので、大参事以下の官吏が、そのまま県の吏員《りいん》として施政にあたるよう指示した。

この発令を快く思わない者は当然いた。薩摩の島津久光はこの知らせを聞くと、西郷、大久保の専断だと激しく怒り、その鬱憤《うっぷん》を晴らそうと邸中に花火を上げさせたという。しかし、大洲藩の藩知事・加藤泰秋は、これまでの政治を抜本的に変えていかなければ改革は実現しないと思い、藩知事の地位返還を決意した。各県には官選の知事が就任することになった。

このころ、藩知事の下には大参事を置くことが決められていた。大参事とは藩政時代でいう家老、現代なら副知事に当たるナンバー2で、大洲藩では山本尚徳がその地位にあった。

現在も町家の土蔵が続く「おはなはん通り」

大洲市指定の史跡になっている山本尚徳邸跡（大洲南中学校内）

進歩的な政策を行い、改革を進めた大参事・山本尚徳

山本尚徳は文政九年（一八二六）生まれで、十九歳のとき家を継ぎ、馬廻勤仕《うままわりきんし》となった。馬廻とは騎馬の武士で、主君

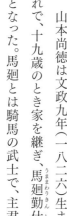

の護衛や決戦兵力に用いられ、武芸に秀でた者がつとめる親衛隊的な存在だった。

　幕末期、尚徳は周旋方として京都・大坂・防長などに往来し、多くの天下の志士たちと交わった。藩論を勤王に統一しようとしたとき、藩は小党分立といった状態だったが、尚徳は同志を集めて「啓行隊」を組織し、農民や商人の子弟を募って兵にするなど先進的な取り組みも行って、事ある日に備えた。

養蚕業を大洲に取り入れた10代藩主・加藤泰幹
（如法寺蔵）

養蚕に欠かせない桑の木

　また尚徳は、常に藩政の中枢にいて産業の振興にも取り組んでいた。
　その初めは十代藩主・加藤泰幹《やすもと》のときで、養蚕業の有望なことを知ったことから、藩の重臣であった石河孫左衛門《いしこまござえもん》と共に先進地の甲州へ行き、養蚕の巧者数名を雇い入れ、桑苗数千本を持ち帰った。これらを当時困窮状態にあった小田郷《おだごう》で栽培させたほか、城下の希望者にも分かち与え、大いに養蚕業を振興した。
　明治になってからも、近江（現在の滋賀県）から桑苗を移入して無償配付し、城堀の周辺や士族の屋敷で栽培させたばかりでなく、自分の家族にも蚕を飼わせ、士族授産《しぞくじゅさん》（武士層の生活救済策）に向けた養蚕業を広めた。また梁瀬《やなせ》・亀山などの山地を開いて茶の樹を栽培し、京都の宇治から職人を呼んで製茶の方法を習得させることにも取り組んだ。
　また明治政府の布達《ふたつ》にしたがって維新の推進役として忠実に実務をこなし、各家を調査して新たに戸籍を作り、蘭《らん》方医《ぼうい》を登用し、新しい医術の奨励や種痘の普及にも努めた。また西洋文物を取

繭を煮て糸をたぐり、回転する枠に巻き取ったものが、絹織物の材料となる生糸で、貴重なものだった

茶は有望な輸出品目だった

り入れる必要から、藩費で下井小太郎《しもいこたろう》らに英語を学ばせた。いうなれば山本尚徳は、若いころから執政《しっせい》の重責を担ってきた藩の逸材《いつざい》ともいうべき人物であった。

その山本尚徳が、廃藩置県が告示された翌月、突然民衆たちから攻撃の的とされ、いわれなく誹《そし》られ、非難されることになった。

肱川の若宮河原に屯集した四万人の武装農民

明治四年八月九日、事件はようやく空が白み始めた早暁《そうぎょう》から始まった。肱川の下流方面の手成《てなる》村、戒ノ川《かいのかわ》村の農民が出動し、これに八多喜《はたき》村と春賀《はるか》村、東宇山《ひがしうやま》村、五郎村などが加わり、夜までに十七村の百姓たちが若宮河原に集まった。翌日の早朝には海辺の長浜や、肱川上流の小田、内山からも次々に集まり、郡中方面も動き出した。役所に「不穏な動きがある」と知らせがあったのは、その日の

明治初期の騒動が嘘のような、静かな肱川の流れ

午後。蓑笠《みのかさ》をかぶり、手には竹槍を持ち、村名を書いたむしろ旗を先頭に、大勢の村人たちが大洲街道に向かっているというのである。

驚いた役人は、すぐに出向いて説諭《せつゆ》したが、百姓たちは「大洲へ行けばわかる」と聞く耳を持たず、竹槍を携えたまま城下の市街へと突き進んだ。

若宮河原には百姓たちの仮小屋が立ち連なり、一カ所で鬨《とき》の声をあげると各小屋ともこれに応じ、発砲があれば各小屋も発砲するといった具合で、昼夜を分かたず気勢をあげ、騒然たる状況だった。山本尚徳は百姓たちが何を求めているのか、重臣たちに彼らの言い分を聴取し、言いにくいことは目安箱を設けて意見を投書させるよう命じた。

それによって判明したのは、「旧知事が東京へ移るのは大参事の奸策《かんさく》(陰謀)によるものだ」「戸籍調べは、人の年齢を調べて生血を絞り取るためだ」「種痘は毒を植えるものだ」「蘭方医は人を害する」

といった事実無根の主張であったが、つまるところ旧藩主が東京へ行くと聞いた百姓たちはそれに驚き、大参事退任と知事復職を強訴《ごうそ》し、維新前の政体に戻すべきとして立ち上がったものだった。

　これは、尚徳が大参事として進歩的政策を行い、藩政改革の陣頭指揮を取ったことに反感を持つ士族が、百姓たちの動揺に乗じ、世情に暗い百姓たちを煽動《せんどう》して山本を罷免《ひめん》し、旧制度を復活させようと謀《はか》ったのが事の発端と思われた。

　しかし、百姓たち全体を統率する者もいないため、代表者と会って話し合うこともできない。山本尚徳は、元知事の泰秋に善処《ぜんしょ》を願うしかないと考えた。

元藩知事・加藤泰秋、自ら説得に赴く

　十五日正午、二十六歳の旧藩主・加藤泰秋は黒紋付の羽織姿で御供をしたがえ、村々の幟《のぼり》が林立する若宮河原の百姓たちの前にゆっくりと出馬した。前日、殿様の出馬があるので静かにするよう言い含めておいたので、鬨の声などもなく、静かだった。百姓たちは泰秋の姿を見ると、東京へ行くことは思い止まってください、殿様に不自由はさせません、どうか大洲に留まってくださいと哀願したが、泰秋はそれには答えず、いつまでも小屋に留まっていては、家に残っている年寄りや女房、子どもが心配するから早く帰れと、ねんごろにさとすばかりだった。

　さらに泰秋は百姓たちの主張に対し、戸籍調査とは、生まれたり死んだりしたことを調べ、朝廷に差し出すもので、全国六十余州、皆同じことをする。宗門改めとは違うのだから何も心配する必要はない、また種痘も人命を救うためのもので、今に始まったものではなく、城下では十四、五年前より行っているので病気で死ぬ者も少なくなってきたが、嫌なら無理にせよと言うわけではない、などと懇々とさとしていった。泰秋が退出する際には、百姓のなかの三百人ほどがあとへついてお見送りをした。

　しかし、その後も百姓たちは帰村するわけではなく、相変わらず若宮河原に留まり続けた。

　ことの重大さを憂慮した大洲県庁では議論が沸騰し、「所詮は烏合《うごう》の衆だ。大砲の二、三発も撃ち込めば、たちどころに退散するだろう」とする強硬意見もあれば、それはならぬとする穏健派の意見もあり、いつ果てるとも知れなかった。

山本尚徳の騒動収束への決意

　このような状況のなか、帰宅した尚徳の心には割り切れない思いがあった。これまで政府の命に忠実に従い、進歩的な方針を県政に採り入れてやってきたのも民を思ってのつもりだったが、それを理解してくれないどころか、むしろこれを嫌って、このような大騒動が起きてし

まった。この事態を収拾し、藩知事（旧藩主）に安心して上京してもらい、百姓たちの気持ちを鎮めるには、もはやわが命を断つしかない。

決意した尚徳がそのことを家人に告げると、涙ながらに止められたが、それを押し切り、一室に入って一眠りすると井口長左衛門を呼び、その介錯《かいしゃく》によって自刃した。

このとき尚徳、四十六歳。写真は残っていないが、その容貌は「禿頭《とくとう》・矮躯《わいく》・肥体豊腹」と伝えられているから、小柄な、ずんぐりとした体型で髪は薄く、そして「常に笑を含み、温顔《おんがん》を以《もっ》て人に接した」ともあり、いつも笑みを絶やさない温かい人物だったようである。

翌朝、県が百姓たちに尚徳自刃の経緯を述べたところ、みな驚き、ようやく解散を受け入れて、村へと帰っていった。

この騒動は、西日本各地で起きた藩知事引き留め一揆のひとつだが、それは表向きの話で、実は背景に経済問題があったとする見解もある。幕末に乱発していた藩札の価値が暴落したことへの不満や、年貢の納め先が藩ではなく、中央政府になって、さらに苛酷になるのではないかという警戒心によるものだという説である。

また、「神仏分離令」の発布以降に起きた「廃仏毀釈《はいぶつきしゃく》」といわれる過激な破壊活動への反発があったとする見方もある。もともとの主旨は、王政復古の改革に際し、敬神愛国の思想を高めようとしたものだったのだが、村人が毎日手を合わせていた寺の仏像や道端の地蔵まで撤去され、人々は動揺した。

新しい時代へと変わっていく過程には、混乱が起こりがちではあるが、山本尚徳は身をなげうってそれを収めざるを得なかった。そして、その方法が武士社会の常道として行われてきた自刃であったことが、この時期の混乱を象徴している。

山本尚徳の墓は、いろは丸事件で自刃した国島六左衛門の墓のさらに上方にある

山本尚徳は大正10年（1921）、没後50年に特旨をもって正五位を追贈された。これを機に、大洲町は喜多郡内の各町村長を招いて法会を執行。さらに10年後の昭和6年、尚徳の邸跡であった県立大洲高等女学校（現大洲市立大洲南中学校）庭に「山本大参事頌徳碑」を建設し、後世にその功績を伝えた

徳大寺実則

住友友純（国立国会図書館提供）

友純は男爵となり、明治政府の富国強兵政策に乗って事業を多角化し、別子銅山の経営のみならず、銀行や不動産業なども営む近代住友財閥をつくりあげ、住友中興の祖といわれた。友純は兄公望にしばしば政治資金を提供し、平和主義者・西園寺の活動を陰で支えている。

いうなれば加藤泰秋は、当時の超エリートの親戚を持つに至ったわけだが、自身はその後、どのような人生を歩んだのだろうか。実は、明治以降の活動については詳しい資料がない。ただ、一つだけ伝えられているのが、北海道開拓の話である。

加藤子爵の北海道開拓

明治2年（1869）、蝦夷地は北海道と改称され、開拓使を置いて石炭・木材・硫黄など天然資源の開発を行った。しかし、移民政策はさほど効果が上がらず、明治15年（1882）、開拓使を廃止。北海道庁が置かれた明治19年（1886）から、本格的な北海道開拓が始まり、会社・結社組織による移住が増えていくと、その後、年間数万人もの移住者が渡航するようになった。

明治22年（1889）、皇室御料地として全道に200万ヘクタールが設定され、華族組合農場へ未開地5万ヘクタールが払い下げられた。華族組合農場とは、明治政府が華族の経済的基礎を固めるために、官有地を無償ないし低価格で払い下げたもので、北海道では公爵の三条実美《さんじょうさねとみ》、旧徳島藩の蜂須賀茂韶《はちすかもちあき》らが設立した雨竜《うりゅう》農場（耕作面積4千ヘクタール）が創立された。

加藤泰秋も明治24年（1891）、国の北海道開拓推進政策に同調して開拓を決意し、数カ月の調査の結果、洞爺《とうや》湖《こ》近くの月浦《つきうら》、仲洞爺《なかとうや》、留寿都《るすつ》大原《おおはら》の払い下げを政府に請願。2年後、正式に払い下げの許可が下りた。むろんこの当時、一帯はまったくの未開地であったが、留寿都については、薩摩出身でマサチューセッツ農業大学に留学経験のある橋口文蔵《はしぐちぶんぞう》が明治20年（1887）から開拓していた土地を泰秋が引き継ぎ、明治24年から加藤農場として開拓に着手した。こうして、泰秋が経営する農場面積は約900ヘクタールにもなり、道南屈指の農場主と呼ばれるまでになった。

泰秋は当初、アメリカのような農場経営を目指し、その準備のためか大洲に帰還し、多くの喜多郡民をここに送ったが、それでも必要な入植者数を確保できなかったのか、農場支配人のアドバイスもあり、仲洞爺、留寿都大原の各農場に責任者を置き、独立生産農場として分離した。

明治21年（1888）に竣工した赤レンガ造りの北海道庁旧本庁舎

泰秋は故郷とのつながりを大切にし、東京に「肱水舎《こうすいしゃ》」という肱川の名にちなんだ学生寮を設け、上京して教育を受ける郷土の子弟の支援にあたった。

父や兄は早世したが、泰秋は大正15年（1926）まで長命を保ち、81歳で没している。

最後の藩主・加藤泰秋が歩んだ明治大正時代

貴族院議員となった子爵・加藤泰秋(大洲市立博物館蔵)

◎華族令で子爵になった泰秋

加藤泰秋は明治4年(1871)8月に起きた大洲騒動の沈静後、9月3日から7日まで領民たちに別れを告げると、9月16日に大洲を出発。神戸を経由して品川に上陸し、下谷《したや》御徒町《おかちまち》の旧江戸屋敷に着いた。藩知事を免官された旧藩主は本籍地を東京に移され、9月中に帰京するよう政府から命じられていた。

前年の明治3年(1870)、泰秋は公卿・徳大寺《とくだいじ》公純《きんいと》の娘で旧土佐藩主・山内豊資《とよすけ》の養女となった福子を妻に迎えた。徳大寺家とは、大洲藩3代藩主・加藤泰恒《やすつね》の娘・弥代が徳大寺実憲の妻となっていたことから、遠い親戚関係にあった。

明治17年(1884)、「華族令」が制定され、旧公家は家格により、旧諸侯は石高により、公爵、侯爵、伯爵、子爵、男爵の5つからなる爵位を叙爵。さらに、国家に勲功ある者を新たに華族に列したことから、500名以上の有爵者が生まれた。加藤泰秋は子爵である。

明治22年(1889)制定の「貴族院令」により、30歳以上の公爵と侯爵は全員、伯爵・子爵・男爵はそれぞれ同爵の互選によって貴族院議員となる特権を得た。泰秋は明治44年(1911)、貴族院子爵議員補欠選挙で当選し、大正7年(1918)まで在職した。

◎妻・福子の華麗なる一族

福子の弟に当たる西園寺《さいおんじ》公望《きんもち》は公純の次男で、西園寺家の養子となり、明治3年に官費でフランス留学を果たした。帰国後は明治法律学校(現明治大学)を設立し、中江兆民らと自由民権運動を行うなど、自由主義の思想を身に付けた他に類を見ない政治家となった。

西園寺公望(国立国会図書館提供)

伊藤博文の憲法調査のためヨーロッパへ随行し、のち数々の要職に就いた公望は、明治39年(1906)と44年、内閣総理大臣となった。そののち元老となり、彼を最後に新たな元老が指名されなかったことから〝最後の元老〟と称された。元老とは、天皇の下問に答え、内閣首班の推薦を行うほか、内外の重要政策について意見を述べる最高政治顧問で、その地位に就いたのは伊藤博文や山県有朋《やまがたありとも》など9人だけであった。

福子の兄で、公純の長男である徳大寺実則《さねつね》は、明治24年(1891)、内大臣兼侍従長となり、生涯、明治天皇の側近として仕えた。

公純の六男、福子の末弟は、住友家15代当主となった住友友純《ともいと》(吉左衛門)である。住友家は、13代当主・友忠が早世したため、一時その母が14代を継いだが、隆麿(友純)が婿養子に入り、15代当主となった。

大洲城「廃城」の、その後

**城は明治維新後、「存城《そんじょう》」と「廃城《はいじょう》」に分かれた。
城が残るのを存城、破却されるのが廃城かというと、必ずしもそうではない。
存城とは軍事施設としての役目を持ち続け、陸軍省が管轄する城郭、
廃城とは軍事施設の役目を持たない、大蔵省が管轄する城をいう。
そして、大洲城は「廃城」となった。
大洲城は、どのような運命をたどったのだろうか。**

存城か、廃城か

城とは本来、敵の侵入に備えて監視をしたり、攻撃を防ぐために堅固に築いたものである。藩を象徴する建物であり、藩主が居住するところでもあるから、仰ぎ見れば臣民ともに崇敬の念を抱き、同国人としての結束力も生む。

しかし、明治という新時代がやってきて、藩知事も東京へ行くとなると、「もう、城など用済みになった」と意識が変化した。また「城を残せば修理に金がかかる」という経済的な側面もある。この当時、多くの藩が財政的に行き詰まっていたから、〝無用な城郭のために、無駄な出費はしたくない〟という思いからか、明治四年（一八七一）七月の廃藩置県までに、三十九藩が「城郭破却願《じょうかくはきゃくねがい》」や「城郭不修理願」を太政官に出したほどだった。

廃藩後、全国の城郭は兵部省《ひょうぶしょう》の管轄に一元化された。つまり、国のものになった格好だが、実質的な管理は府県に任され、破却も行った。

藩主たちが、城の維持費を「冗費《じょうひ》」と感じたように、政府にとっても、城の維持は士族授産などの政策を進めるうえの障害ととらえられていた。

当時新政府は、一日も早く西欧列国

明治初期に撮影された大洲城北面
天守と多聞櫓で結ばれた台所櫓は、小天守といえるくらい大きい（大洲市立博物館蔵）

と肩を並べる近代的な軍を持つため、常備陸軍である鎮台《ちんだい》（のちの師団）をつくり、兵たちを訓練しなければならないと考えていた。城を、その駐屯地として利用しようと検討していたのである。

　そこで明治五年（一八七二）三月、早急に城の存廃を決めようと、城郭調査の官員を全国に派遣し、陸軍が引き続いて管轄するものを「存城」、それ以外を「廃城」とした。全国の存城は四十三城郭、一陣屋、廃城は百二十五城郭、六十八陣屋。大洲城は「廃城」と決定され、大蔵省に売却用財産として引き渡された。

　一般的に考えると、存城とは城郭として維持するもの、廃城は建物を取り壊し、場合によっては石垣・土塁・堀などの施設も破壊するものだと思いがちである。しかし、存城となった城でも、会津若松城のようにすべて取り壊された城も多くあり、廃城とされた城でも高知城や伊予松山城のように、天守を含め城郭の主要な建物がまとまって保存されている例もある。なぜか。簡単に言うと、存城も廃城も、城郭の所管官庁を分ける法令上の用語に過ぎず、実際はさまざまな利用法や状況に応じて、その後の姿を変えていったのである。

廃城「大洲城」の行方《ゆくえ》

　廃城処分のうち最も多かったのは、士族授産政策といわれる元の武士階級を救済するための資金源にするというものであった。

　城郭は、広い土地や木材、瓦、石材といった建築資材をふんだんに含み、二次利用できるため、不用な城は入札によって払い下げることになった。しかし城によっては、巨大過ぎて解体できない、山頂にあるため運び下ろすのに莫大な費用がかかるなど、さまざまな理由で買い手が現れないものもあった。

　大洲城は版籍奉還後、城内に藩庁が置かれ、廃藩後も引き続き県庁を旧城郭内に置くなど、統治機関の施設として使われた。「廃城令」といわれる明治六年（一八七三）の太政官通達によって各地の城が解体されていくなか、大洲城はその後も残っていた。

　しかし大洲では、廃城決定直後の明治六年三月から、戸長《こちょう》（行政事務の責任者・役人）を中心とする士族たちが、愛媛県に大洲城外堀などの拝借と払い下げを願い出るなどして積極的に動いたため、その後しだいに個人の所有へと変わっていき、城郭は次々と取り除けられていった。

　そして、天守をはじめ城門、櫓、土塀など大半がなくなり、わずかに苧綿櫓《おわたやぐら》、南隅櫓、台所櫓、高欄櫓の四つだけが残されたのがいつなのか。実は、それが明治何年の何月だったのか、大洲市に記録が残っていなかった。

　わずかな証言として、宇都宮龍山という新谷出身の人物が、明治十七年（一八八四）に郷里へ帰ったとき、大洲城を仰いで詠んだ漢詩が残っており、それに「今日唯存天守閣　落花啼鳥草茫々」とあったことから、明治十七年には老朽した姿ながらまだ存在していたと考えられた。

　また、明治七年（一八七四）生まれの下井ソノさんが明治二十年（一八八七）に大洲へ嫁いできた時には天守はなかったという証言もあったため、明治十七年以降、二十年以前かとされていた。

　ところが、愛媛県歴史文化博物館の平井誠学芸員により、その日が判明した。発見した明治二十一年（一八八八）十月二十三日の海南新聞（愛媛新聞の前身）の記事に、

「天守閣取除け
　大洲の旧城閣は当時同地香川某の所有する所なるが今度《このたび》之《こ》れを取除くるとかにて既に四五日前より瓦剥ぎ取りに着手したりとか」

とあり、明治二十一年十月であることが明確になったのである。

　さらに、これらが誰にいくらで売却されたかについては、大洲城山郷土館の「郷土（昭和五十年八月二十日発行）」の記事で、小田留義氏執筆の「伊予八藩の城廓破却概要」によると、土地台帳の調査では、本丸および三の丸の属する地番は、明治九年（一八七六）には個人所有となっており、城山のほかの地所や入り口、内濠、二の丸、三の丸一帯も明治九年に個人所有だったが、明治三十九年（一九〇六）には大洲町所有となっていたとある。

　さらに小田氏は、内濠は十八円、太鼓櫓は天保銭八枚（六十四文《もん》）、天守は二十五円ばかりで売却し、総額百二十五円ほどで取り壊されたと書いている。これが安いのか高いのか——。ちなみに、現在国宝に指定されている彦根城は八百円、姫路城は百円で払い下げられたといわれる。

　城の末路は、哀れであった。

大正11年(1922)、肱川から見た大洲城跡
(個人蔵／愛媛県歴史文化博物館保管)

学校になった陣屋

　城の利用法として各地で採用されたのが、学校として使用することだった。

　明治四年（一八七一）七月、教育行政を専任する文部省が設置され、教育制度の基本となる学制の起草に当たった。

　なかでも小学校の設立に重点が置かれ、数年のうちに全国に小学校が設立された。その母体となったのは、江戸時代から続く寺子屋や私塾である。政府はこ

崩れかけた苧綿櫓（昭和30年撮影）
明治以降、士族たちにも商人にも、城の維持管理に心を配る気持ちの余裕も、経済的余裕もなかった（宇和島自動車蔵）

れを認め、学校を社寺の境内に開設することも許した。また旧藩の藩校は、中学校の母体となった。

また明治七年九月、校舎の敷地については、中・小学校設立に当たり、面積を限って無税官有地を無償で下付することを許したため、廃城となった城郭・陣屋を校地とした小学校が多く開設された。特に陣屋はその大半が学校として利用され、新谷《にいや》藩の陣屋も新谷小学校になった。

城は前時代の遺物、前時代の軍事施設として破却される傾向にあったが、新校舎の設立が困難だったこの時代、いうなれば発想の転換によって再利用が可能となったのである。

公園になったお城

もうひとつ、城の命を救ったものがあった。公園化である。

公園という概念は、それまでの日本にはなく、近代になって西洋から伝わったものだった。日本で最初に公園化された廃城は、明治六年（一八七三）四月に許可された高知城である。

大洲城も、士族授産のために払い下げられたものの、土地や建物の所有者が替わっていくなかで荒廃していったのか、天守の取り壊しに際し、「大日本私立衛生会喜多郡支会」という団体が公園化を目指した。風景が美しく、由緒もある大洲城を、一個人の所有とするのではなく、庶民みんなが楽しめる場として後世に残すため、草木を植樹していこうという趣旨である。

大洲城山公園。明治30年代に桃の樹が植えられて花の名所になった（大洲市立博物館蔵）

しかし、公園として維持管理するには、やはり資金が要る。そこで考えられたのが、美しさと実益を兼ねた桃の木を植えることで、やがてこの桃園は有名になり、絵葉書にもなった。

公園は、西洋の人々がもたらした都市の文化であったが、それがお殿様のいた城を懐かしみ、残そうとする、かつての領民の心にぴたりと当てはまったところに、その土地の気風がある。

肱川流域の風土から生まれた蚕業と製糸業

明治時代、日本の貿易を支え続けたのは「生糸」だった。器械製糸が発展し、高品質の生糸生産ができるようになった明治二十年代以降、輸出が拡大し、やがて「生糸で軍艦を買う」といわれるほど外貨を稼いだ。そして大洲でも、この新興産業に活路を見出そうとする人たちが果敢に挑み、大正から昭和初期にかけて黄金期を迎えた。

士族授産事業としての養蚕

明治維新以降、大洲の城下町にはさまざまな変化が生じたが、なかでも武家屋敷のエリアは、職を失った士族たちが困窮して屋敷地を売ったり、離散する者が急増したため、激しい勢いで空洞化していった。

明治五年（一八七二）、士族や農民たちが生計を立てるために何をなすべきかという重い課題を背負った二十五歳の若者が、東京から帰ってきた。もと大洲藩士、下井小太郎《しもいこたろう》である。

下井は明治二年（一八六九）、藩命により「開成所」で英学などを学び、福沢諭吉が創設した慶応義塾でも経済学を学んで明治四年（一八七一）に卒業した。翌年、大洲に帰郷すると、初の中等教育機関となる「大洲英学校」を設立するなど教育の近代化に努めるが、もうひとつ

桝田製糸工場の内部。ここで働く未婚の女性たちは、賃金で嫁入りの支度を調え、行儀作法なども習得した。大正4年（1915）・若宮（大洲市立博物館提供）

尽力したのが新たな産業の振興である。

明治十三年(一八八〇)、下井は喜多郡長に着任すると、郡内の状況を視察し、この地方に適した産業を考えた末、養蚕に行き着いた。桑の木は洪水に強いためか、桑畑がつくられているのは河川流域に多い。肱川は毎年のように氾濫するため、流域には肥沃な土砂、タル土がもたらされる。穀作には不向きだが、少しずつ桑畑にしていけばこの地に適した事業になるのではないか、という結論を得たのである。

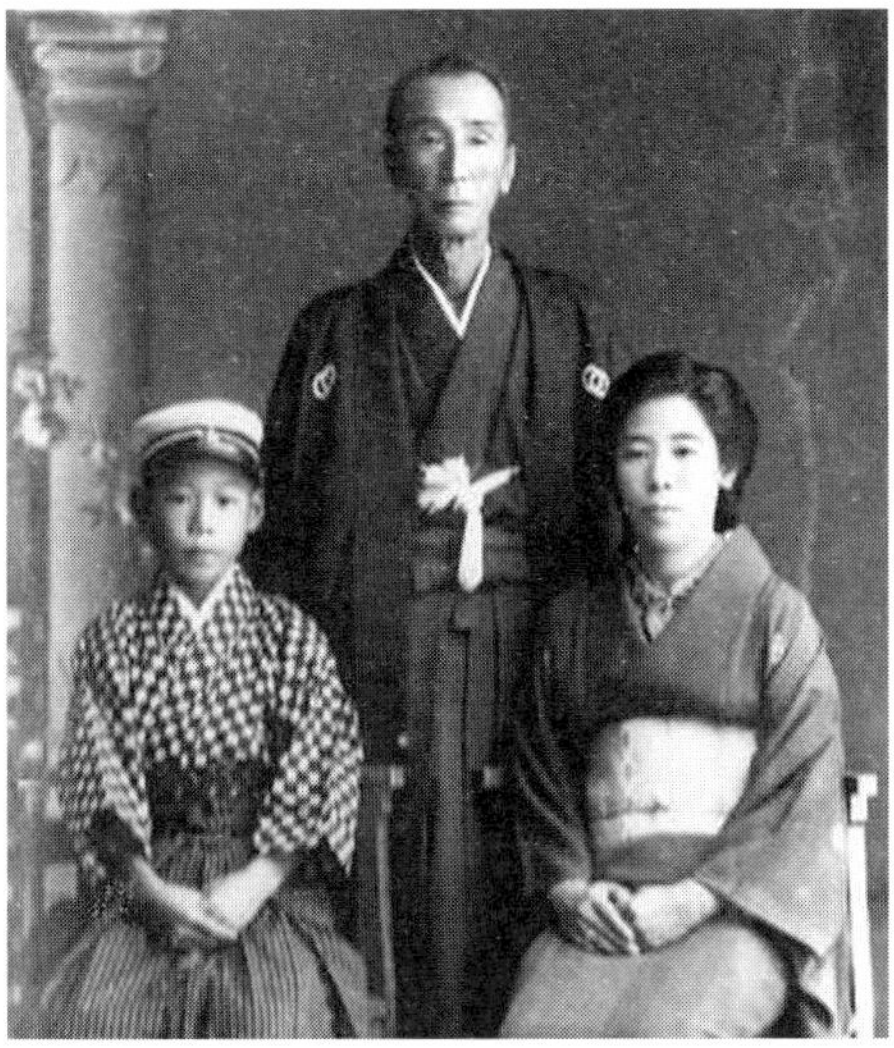
中央が下井小太郎。英語の必要を感じた藩によって当時の最新教育を受け、帰郷後、郡長という地方官吏として活躍。蚕業の推進役となった(下井洋一氏寄贈)

養蚕については、廃藩置県で東京へ行った旧藩主・加藤泰秋もかねてより注目していた。藩政末期頃、長崎の出島でオランダと取引されていた生糸が輸出品の首位を占めていたことから、当時、執政(家老)であった山本尚徳に命じ、養蚕を奨励させた。山本は維新後、士族の大橋有に同志を集めさせて養蚕会社を設立させたが失敗に終わり、山本自身も大洲騒動でこの世を去った。下井は、加藤泰秋や山本尚徳の意を受け、これを成功させなければならなかった。

蚕糸業の振興に努めた人々

下井は、まず有志たちと私財を投じ、鳥取から桑の苗を購入した。それを無償で配布しようとしたが、村人たちは喜んで受け取るふうでもない。ついには村長などを通じ、頼み込むようにして配布するありさまだった。

明治の初め頃、旧藩士福井茂平が二人の子女とともに京都府の綾部に行き、養蚕・製糸の技術を習得後、明治七年(一八七四)には大洲町柚木《ゆのき》の自宅で蚕を飼い、座繰《ざくり》製糸業を起こしていた。また新谷藩の士族とも会社を興し、養蚕と座繰製糸を有志に勧めたが、この事業は失敗した。そうした負のイメージが、村人に尻込みさせる原因になっていた。

それでも下井は、養蚕こそが大洲地方にとって最適な産業になると信じ、明治十六年(一八八三)、模範桑園をつくった。それまで桑の木は道端などに植えられていたため生育が良くなかったのだが、模範桑園では枝が三メートルを超えるまでに成長したので見学者は驚いた。元武士たちも下井の奮闘ぶりを見てしだいにやる気を起こしたのか、荒廃する一方の武家屋敷地は明治十八年(一八八五)頃から、宅地から畑地へと土地の地目《ちもく》が変更されていった。町人に比べて広い面積のある武家屋敷地は桑畑にうってつけで、養蚕業という新しい産業の受け皿として活用されることになったのである。

　下井は明治十六年から二十二年（一八八九）まで私立養蚕伝習所を開催し、先進地の山梨県から講師を招いて蚕の育て方を伝習するなど、養蚕農家の育成や技術向上に取り組んだ。また、明治二十一年（一八八八）に松山養蚕伝習所が開かれると、特に願い出て妻を入学させたばかりか、二十九年（一八九六）には養子・盛夫も入学させ、その後、農商務省の蚕業講習所へ第一期生として上京させるなど、一家を挙げて技術習得に励み、蚕糸業の振興に貢献した。

　明治二十年（一八八七）、愛媛県知事として赴任してきた藤村《ふじむら》紫朗《しろう》が長年山梨県の知事であったことから大いに蚕業を奨励し、この頃から機運が高まっていくようになった。

その良質さから、伊勢神宮にも奉納された大洲産の生糸／大洲市誌 写真版

地場産業として広がっていった製糸業

　大洲の士族・大橋有が大洲町山根の自宅で十人繰りの器械を設備して製糸を始めたのが、愛媛県で始まった器械製糸の最初となった。士族たちは、士族授産金の貸与《たいよ》が始まると共同して会社を起こすようになったため、各地に器械製糸会社が設立されたのだが、その大部分は座繰の家内制手工業であった。

　そもそも製糸業は、原料となる繭が近くで生産され、良質で大量の水があり、そして安い賃金で働く労働力が得られるところでなければ成り立たなかった。

　肱川流域は霧が深いため、蚕の餌である桑の生育が良く、葉も柔らかくて蚕がよく食べるため良い繭がとれる。また製糸工場では、繭を湯や蒸気で柔らかくし、糸を何本か合わせて一本にする作業で大量に水を使う。そして近隣の山村には、ほかにこれという産業もなかったため、いくらでも若い労働力を集めることができた。さらに支流の多い肱川は、上流から繭を舟に載せて運ぶことができたので原料の調達も容易だった。まさしく養蚕と製糸は、肱川流域の自然や風土から生まれた地場産業で、これほど地域に適合したものはなかった。

産業革命を経て製糸業の最盛期へ

　明治中期、座繰製糸には限界があるとして、蒸気機関を使った器械製糸工場が登場するようになった。愛媛県では明治二十二年、宇和島に南予製糸株式会社が創立され、いうなればこれが〝製糸業の産業革命〟となった。

　これに刺激された大洲の河野喜太郎と程野宗兵衛は、明治二十三年（一八九〇）、共同して蒸気機関の器械製糸工場を設立したが、やがて両者は分離し、それぞれが器械製糸工場を建設。河野製糸工場は県下最大の製糸工場といわれた。

明治二十九年には、大洲町公会堂で県蚕糸業大会が開催された。大洲商業銀行も設立され、抵当物件としての繭を保管するため、赤煉瓦倉庫がいくつも建てられた。

明治三十二年（一八九九）には大洲繭売買所も開設され、活況を呈した。

県は、優秀な生糸生産は技術の向上によるものだとして養蚕教師の養成を始め、製糸教婦《せいしきょうふ》という指導者の養成には、県内から選抜した女性たちを富岡製糸場へ派遣した。製糸教婦は一握りのエリート女性で、各製糸工場に雇われると、製糸の技術だけでなく生け花やお茶、礼儀作法まで女工たちに教えた。

大洲の製糸工場は、大正五年（一九一六）、河野製糸工場をはじめ二十工場となり、昭和三年（一九二八）には二十四工場、昭和五、六年頃には中小の製糸工場が三十八工場立地するまでになった。愛媛の生糸産額は第一次世界大戦頃、関西で首位を占め、横浜の生糸市場では信州糸より高く取り引きされ、伊予糸の名声は高まった。その九割は南予で生産され、大正以降、大洲町は「県下第一の製糸工業地」といわれるまでになった。

しかし、大正末期からの化学繊維の普及に加え、世界的な不況も重なって、日本の養蚕・製糸業は衰退の一途をたどることとなった。大洲町内にあった工場も閉鎖され、建物も取り壊されていったが、唯一、大洲商業銀行だけが残り、「おおず赤煉瓦館」として生まれ変わった。

下井小太郎は、蚕糸業の最盛期である大正十年（一九二一）に功労者として製糸会社の経営者である河野喜太郎、程野茂三郎とともに顕彰碑に名を刻まれ、昭和二十二年（一九四七）、百歳で亡くなっている。

1／明治34年（1901）に竣工した大洲商業銀行本店。瀟洒な赤煉瓦造りの建物は目をひいた（大洲市立博物館提供）

2／明治32年（1899）頃、本町に大洲繭売買所ができて、繭が取引された（大洲市立博物館提供）

3／富岡製糸場の錦絵。明治5年（1872）、フランスの技術を導入して設立され、世界最大級の規模を誇った（国立国会図書館蔵）

三の丸南隅櫓と松並木。昭和30〜40年頃
（大洲市立博物館蔵）

大正2年（1913）、肱川橋開通。これ以降、城山付近の写真には肱川橋が写るようになる。城山の東に往時の町割が残っている様子が分かる
（大洲市立博物館蔵）

明治〜大正時代、肱川の舟運と筏流し。明治になって近代化が進むにつれ、鉄道の枕木、鉱山・炭坑の坑木、住宅、駅舎など木材の需要が増加し、たくさんの材木が筏に組んで流された。この頃は天守付近の樹木が少なく、残存する櫓や石垣がまだ見えていた（大洲市立博物館蔵）

大正〜昭和初期の城山付近。この頃になると樹木が増え、櫓が見えなくなっている（大洲市立博物館蔵）

昭和43年頃、埋め立てが始まった西外堀
（大洲市立博物館蔵）

変わりゆく城のある風景

肱川沿いの地蔵ヶ嶽に城が築かれてから、およそ700年。城の下を流れる川の流れは少しずつ時代を映し、特に人の出入り、物の出入りが自由になった明治以降、舟運《しゅううん》や筏流しが盛んになった。

そして今、行き交う舟や筏の姿はないが、水は滔々《とうとう》と、絶え間なく流れ続けている。

明治時代中期の、三の丸から本丸を望んだ風景。正面に三の丸東側の外堀に面した三の丸南隅櫓(現存)。右遠方に本丸の高欄櫓と台所櫓が小さく写っている(大洲市立博物館蔵)

肱川橋からの眺め。苧綿櫓などが写っている。明治時代、この辺りは河港として、油屋をはじめとする宿屋が建ち並んだ(大洲市立博物館蔵)

戦前の絵はがきに写る城山公園となった大洲城
(個人蔵/愛媛県歴史文化博物館蔵)

日本初、四層四階の木造天守復元への道のり

ドキュメント 大洲城復元

肱川に影を映し、凜として聳え立つ四層四階の天守。平成十六年、百十六年ぶりに復元された大洲城天守は、専門家による考証や卓越した伝統技術によって見事によみがえった。復元は簡単ではなかった。と言うより困難の連続で、挙げればきりがないほど課題が山積していた。多くの人たちの手によって完成した天守は、人々の熱い思いが結晶したものだった。

なぜ復元するのか

城とは不思議な存在である。城はその土地の記憶を語るシンボリックなものだが、なくなったからといって、歴史そのものが消えるわけではない。にもかかわらず、それに似た心情になる。

かつて、城から離れたところに住む人々は、城下町に行く際、「お城下へ行く」と言った。城の見えるところは特別な場所だった。

町自体も、城を中心に町並みが発達しているから、城がなくなることは画竜点《がりょうてん》睛《せい》を欠《か》くに等しい。町に残る逸話や物語は、城あればこそ現実味を持つ「歴史」として受け取られる。地域の人々の城への思いは、歴史に馳せる思いが深ければ深いほど強くなる。

戦後、全国各地で城が再興されたが、国の見解は「城郭は博物館に準ずる」というもので、人々の意識とは隔たりがあり、外観だけを復元した鉄筋コンクリート造りに違和感を持つ人が少なくなかった。また、そうした復元城のなかに

「御杣(みそま)初め式」に参加した大洲小学校6年生

東から見た大洲城天守古写真（明治初期）
本丸から見上げた天守。右手前が台所櫓
（大洲市立博物館蔵）

本丸・三の丸西面の古写真（明治初期）
本丸上段には天守と奥の台所櫓、右に高欄櫓が見える。手前は二重櫓、右下にあるのは外郭の武家屋敷の塀
（大洲市立博物館蔵）

は、展望台の役割を重視し、窓を大きくしたり増やしたり、最上階に廻縁《まわりえん》を新設したりといった、間違った復元をした例もあった。城という特別な建造物にふさわしい、伝統と気品を感じさせる正しい復元が求められるようになった背景には、そうした〝心のよりどころ〟として城を見る目があった。

木造での復元は不可能なのか？

大洲市で城の復元が動き始めたのは、昭和五十七年（一九八二）、「大洲市を考える百人委員会」が発足したときからだった。同委員会が市に提言し、同五十九年「大洲市まちづくり委員会」が発足。復元の専門部会ができ、計画の報告がなされたが、このときは「木造建築は不可能。やむを得ず鉄筋コンクリート造とする」というものだったため復元への機運は高まらず、市民からは「それなら反対」という声すら上がった。

木造で復元するにはどうしたら良いのか。そもそも復元をする場所である「大洲城跡」自体が県指定の史跡で、「台所櫓」「高欄櫓」という国指定の重要文化財もある。文化庁に対し、現状変更許可申

平成14年2月「起工式」のあと、蔵川芸能保存会の「地搗（ぢづ）き音頭」が披露され、建物の地固めが行われた

大洲市菅田で伐採された御用木は樹齢90年、直径46cmのヒノキ

平成13年に実施された「御用木お披露目式」のときの「手斧始めの儀」

階段の位置、各階の柱位置
などがわかった「天守雛形」
（大洲市立博物館蔵）

請を出して許可を得なければならず、当然設計にも関与される。城郭建築の素人がいくら話をしたところで話は進捗せず、事態は停滞気味であった。

木造復元城「掛川城」の登場と宮上氏との出会い

　平成六年、静岡県の掛川城が木造で復元され、設計をしたのは東京理科大学の宮上茂隆《みやかみしげたか》氏だという情報が得られた。東京大学工学部建築学科を卒業した宮上氏は、竹林舎《ちくりんしゃ》建築研究所を主宰し、日本建築史の研究と寺院・城郭などの設計に携わるなど豊富な研究実績と経験を持っていた。

　宮上氏に話を聞くと、城郭の用語として使われる厳密な意味での復元は「新しく建設する建築物の木割図や実測図、写真などが残っており、材料も含めてほぼ旧態通りに再建できるもの」を指すという。建築基準法二十一条で、高さが十三メートルを超える建物は、強度や防火面で、技術的水準に達しない限り建築できないが、三十八条に、建設大臣（現国土交通大臣）が、この法律で求めているものと同等以上の効力があると認めれば建築可能で、これにより平成七年、宮城県白石《しろいし》市に白石城が完成していた。

　宮上氏によると、資料に恵まれている大洲城は完璧に復元できるという話だった。木造による復元の可能性を信じた人々は「大洲城天守閣再建検討委員会」をつくり、宮上氏に顧問就任を依頼。同七年一月には、大洲市で再建についての

土間三和土（たたき）の下層を敷き固める。三和土は赤土・砂利などに消石灰、にがりを混ぜて練り、塗って敲き固める

富山県南砺市井波町の宮大工と地元大洲の職人たちが息を合わせ、加工した材料を組み立てる見事なチームワーク作業

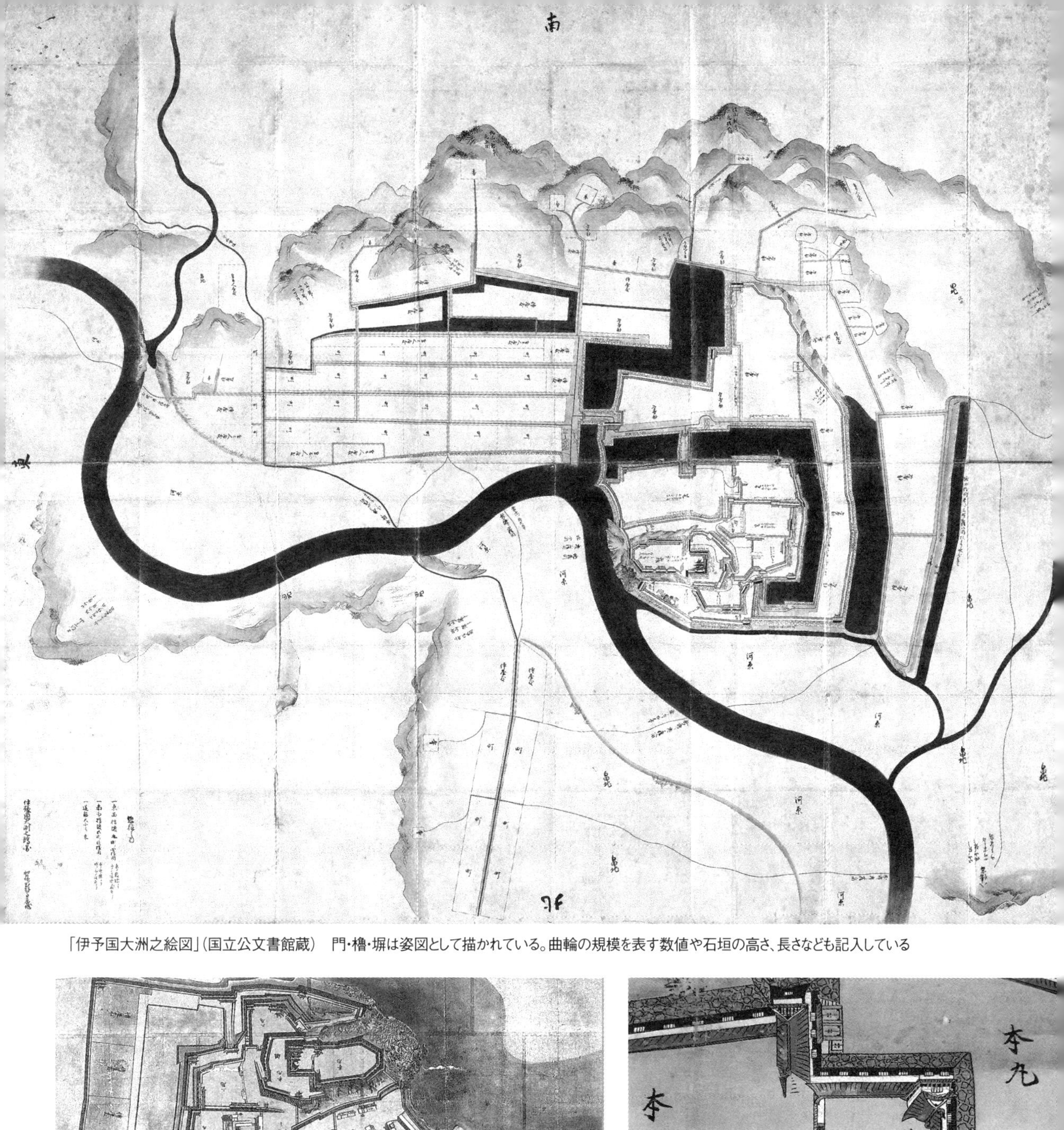

「伊予国大洲之絵図」(国立公文書館蔵)　門・櫓・塀は姿図として描かれている。曲輪の規模を表す数値や石垣の高さ、長さなども記入している

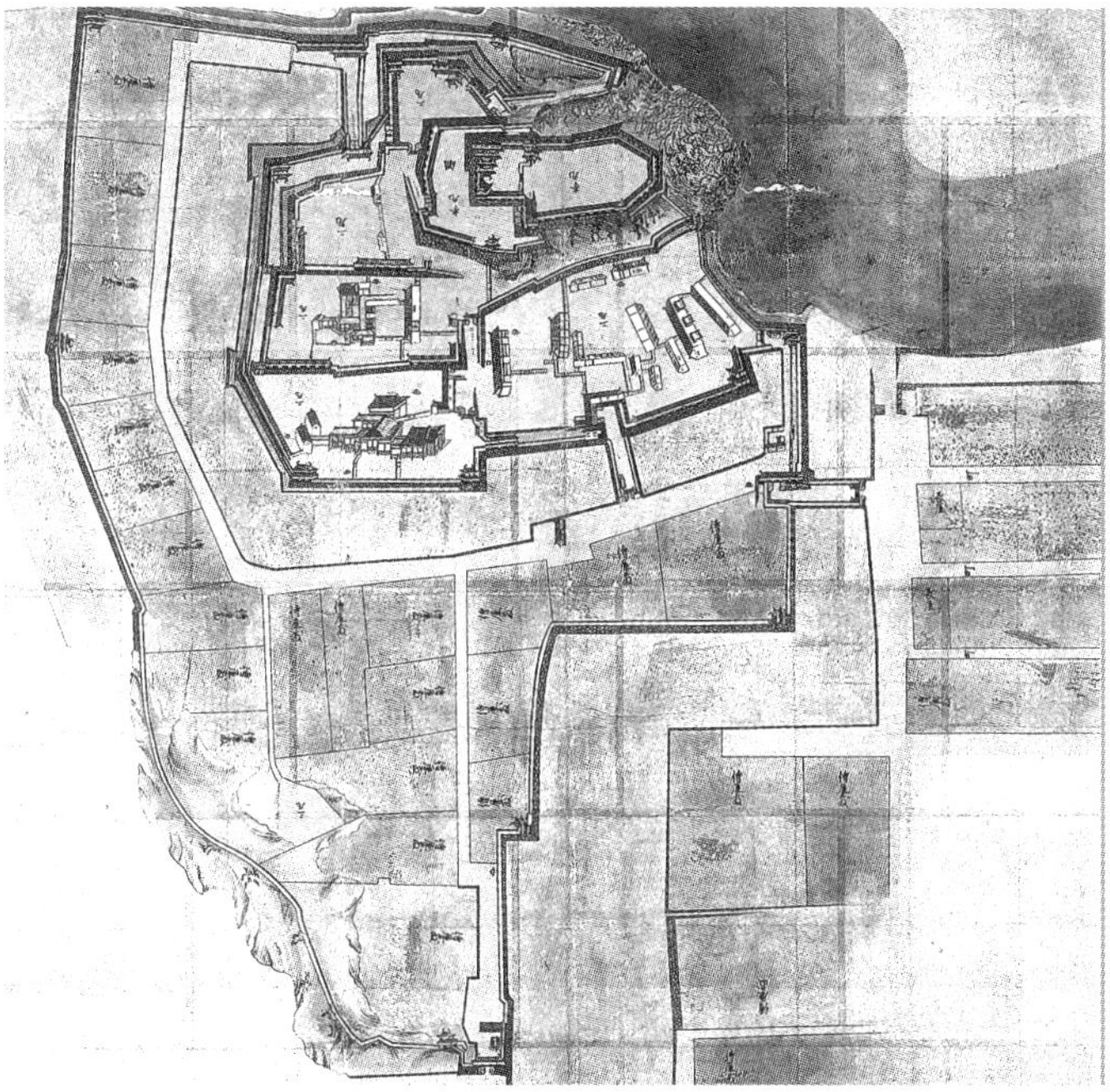

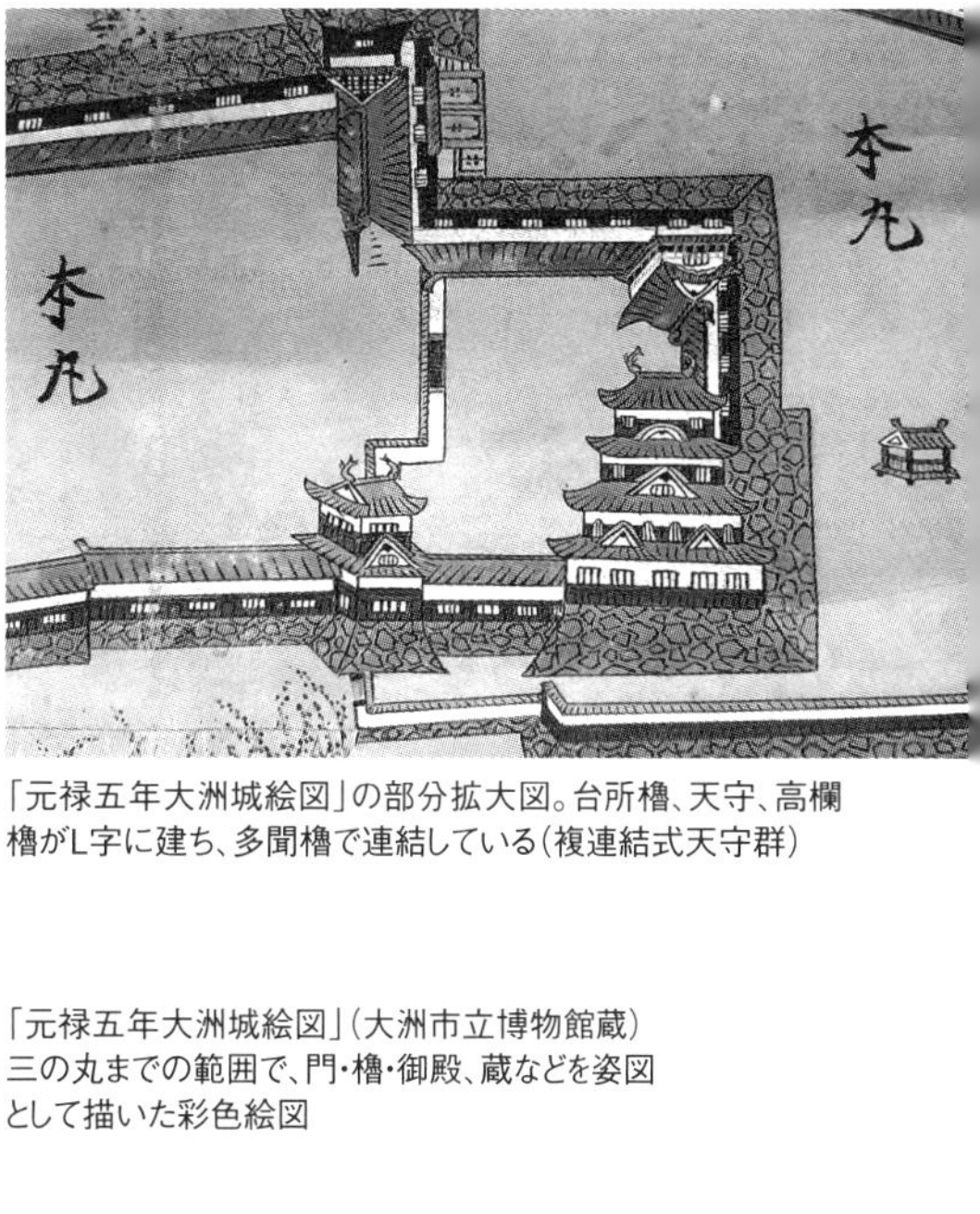

「元禄五年大洲城絵図」の部分拡大図。台所櫓、天守、高欄櫓がL字に建ち、多聞櫓で連結している(複連結式天守群)

「元禄五年大洲城絵図」(大洲市立博物館蔵)
三の丸までの範囲で、門・櫓・御殿、蔵などを姿図として描いた彩色絵図

講演もしてもらった。

　大洲市は、市政五十周年を迎える平成十六年完成をめざし、復元の実現に向けて動き始めた。城郭建築に詳しい民間の専門家による設計プロジェクトチームも発足し、平成九年からは大洲市庁内に「大洲城天守閣復元推進班」も設置。設計プロジェクトチームと合同で保存整備計画書を作成した。

どんな史料があったのか

　大洲城は、往時の姿を正確に復元できる日本でも数少ない城だった。理由は、史料が多いという点である。

　たとえば、そのひとつに「伊予国大洲之絵図（国立公文書館蔵）」がある。この絵図は、幕府が正保年間（一六四四〜四八）に各藩に命じて提出させた正保城《しょうほうしろ》絵図《えず》の一枚で、門と櫓と塀は姿図として描かれ、曲輪《くるわ》の規模を示す数値や石垣の高さ、長さ、主要進入路なども記入されている。

　大洲市立博物館に収蔵されているのは、「元禄五年（一六九二）大洲城絵図」で、大洲城三の丸までの範囲の櫓・門・御殿・蔵などを彩色の姿図として描いており、大洲城の基本図ともいうべき精度を持っている。

　また、天守の外観を伝えるものとして、明治時代に撮影された三点の写真もある。さらに、天守の規模、構造形式がわかる天守雛形《ひながた》もあった。

　市では、広報紙などを通して往時の大洲城が写っている古写真の提供を市民に呼びかけ、さらなる精度を求めた。

募金と募木が始まった

　復元に際して大きな気掛かりとなったのは、莫大な金額になるはずの建築工事費であった。この事業は具体的に言うと、四層四階の天守を復元し、現存する台所櫓と高欄櫓の二櫓を平屋の多聞《たもん》櫓

天守の敷居取り付け状況

天守階段取り付け状況。急勾配だが、史実に忠実に造り上げた

柱の上から、梁の木組み作業を指揮する永山副棟梁

でつなぐというのが主たる工事で、概算事業費は十三億円ということになった。市の一般会計予算として一億円ずつ八年間計上し、残り五億円を募金することとした。

その内訳は、各世帯から一億円、企業・団体から二億円、県外在住の大洲出身者から五千万円、市職員から二千万円、イベント収入七千万円、それまでに集まっていた募金六千万円だった。

募金に対する市民の理解と賛同を得るには多くの時間と労力を要したが、熱意と根気でその趣旨を理解していただいた。市内外に募金をしてもらえるよう活動し、関東・関西に在住する大洲出身者にも呼びかけた。最終的に寄付金の総額は五億二千八百万円となった。

また、木造天守には多くの木材が必要となる。天守に使用する木材は、ヒノキに換算して千百四十本。このうち柱材となるのは百五十本だが、市民手づくりの天守を実現するため、できるだけ大洲の木材を使おうと「募木」をすることになった。むろん、地元の風土で育った木材を使用することで耐久性も高まると考えられた。本来ならばヒノキ、スギ、マツの三種類が必要なのだが、天守に使えそうなマツはないだろうということで、直径四十センチ以上のヒノキとスギを募集対象にし、山林保有者に呼びかけたところ、五百七十七本の木が集まった。

みんなで見守り、盛り上げるために

復元に際しては、みんなの力で成し遂げようという気持ちを分かち合うため、さまざまな広報活動も実施していった。そのひとつが「かわら版　復元大洲城」というPR紙の発行で、城の歴史や、工事の進捗状況、発掘調査の結果発表、工事に当たる人たちの紹介、伝統工法の見どころ、イベントの告知と、内容は多岐にわたった。発行回数は平成八年の創刊号

荒壁打ち。壁土を団子状に丸め、竹小舞という竹で編んだ下地に押しつける

漆喰塗り戸の漆喰仕上げ。日本特有の塗壁材である漆喰は、断熱や防火に優れ、土蔵や城郭によく使われる

紅白の幕で装われた棟木を工匠役が槌や当て板を使い、打ち固める「槌打ちの儀」

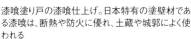

から、復元が完了した平成十六年の最終号まで九十七回を数えた。

ＰＲとさらなる機運を盛り上げるため、いろいろなイベントも実施した。大洲城模型お披露目式を皮切りに、御杣《みそま》始め式、御用木《ごようぼく》お披露目式、手斧《ちょうな》始め式、起工式、木曳《きび》き式、上棟《じょうとう》式などが古式ゆかしく行われた。

特に、大洲藩主・加藤家の香華寺《こうげじ》である如法寺《にょほうじ》で行われた「御杣始め式」には、大洲城天守閣復元委員会など関係者百五十人に加え、市内の小学六年生たち二百人も参加した。代表の生徒による「斧《おの》入れ」「鋸《のこ》入れ」の儀式のあと、如法寺から寄付された樹齢二百五十年のヒノキ（直径七十二センチ・高さ三十メートル）が大きな音を立てて倒れると、参加者から盛大な拍手が沸き起こり、荘厳な雰囲気の中にも貴重な体験ができた喜びと、復元城への期待が高まった。

後日、この樹齢二百五十年のヒノキは天守の心柱《しんばしら》に使用した。

こうしたイベントは、新聞、テレビなどのマスコミによって報道され、城の復元が広く知られる一助となった。

本体工事、いよいよ開始

平成十三年六月二十七日、三層以上の木造建築の経験がある七業者による指名競争入札が行われ、株式会社間組《はざまぐみ》高松支店が施工業者に決まった。建築・石垣工事費は七億四千五百五十万円である。この年度は、部分的な石垣の修復と工事用仮設道路をつくり、平成十四年度から本格的な工事に入ることとなった。

工事期間中は風雨を避けるため、「素《す》屋根《やね》」というものを造るのだが、三十メートルもの高さになるため、川風の吹き上げや台風の襲来のたびに関係者はひやひやした。また、大きな部材の取り扱いは、慎重の上にも慎重を期するものでなくてはならなかった。

1枚2,000円で瓦に名を書く「瓦記名」には1,265人が参加した

瓦葺きの下地となる薄い板葺きである「土居葺き」を造っているようす

だが、工事関係者にとってなによりもプレッシャーになったのは、これまでの入念な資料分析や調査に報いる「史実に忠実」なものを造り、文化財としての価値を失わせないということだった。

石垣は、輝緑岩《きりょくがん》というこれまでに使われてきた石と同じものを使用した。加工が難しく、明治時代に撮影された古写真の石垣と同じ形に加工するため、一つの石の加工に丸一日を費やしたこともあった。

完了後、現在は広島大学名誉教授である三浦正幸氏（愛媛県文化財保護審議会委員）による現地視察が行われ、最終確認がなされた。

城づくりのプロフェッショナル来《きた》る

城づくりに欠かせないのは、優れた技術を持つ大工集団。宮大工を多く輩出してきた富山県南砺《なんと》市井波《いなみ》町から、堂宮《どうみや》大工である野村克己棟梁に来てもらうことになった。井波町は瑞泉寺《ずいせんじ》の門前町で、この建築に端を発し、大工技術集団や彫刻技術が生まれ、全国の寺社仏閣の建設を手がけてきた。

城の建築は長期間にわたるため、棟梁には現場で木材の選別、原寸図の引付けをしてもらい、富山で破風《はふ》などの特殊な部材の製作や、外壁の下見板《したみいた》の加工をしてもらうことになった。建て方作業や刻み作業の進行・監督をするため、大工たちと大洲に来たのは永山守副棟梁だった。

豊富な経験があるとはいえ、四層四階もある大型の木造建築を造るのは、もちろん彼らにとっても初めて。材料を加工する前の「墨付け」には入念な打ち合わせが行われた。天守で使用する木材のパーツは約七千点である。

あるとき、地元・大洲で建設会社を営む菅野《すがの》隆次《たかつぐ》氏から、こうした機会をとらえ、大洲の大工たちの技術を向上させたいので一緒に仕事をさせてほしいという

高欄櫓の「石落とし」外部の下見板修理状況

懸魚（けぎょ）黒色塗装。懸魚は破風の下部内側や、その左右などに、金属製や木製の栓で取付ける飾り板

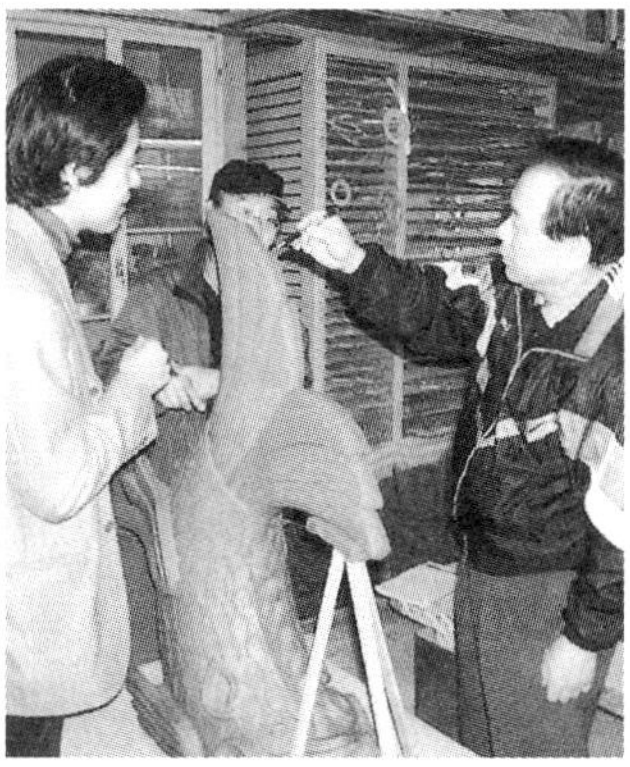
瓦工場で、土を練った状態の鯱瓦（しゃちがわら）の形を整える（鯱瓦は大洲ライオンズクラブ寄贈）

申し入れがあり、協力を得て作業を分担することになった。見ず知らずの土地で仕事をしていた井波の大工たちが、ともに酒を酌み交わす大洲の仲間ができたことで、どれほど気持ちが安らいだか想像に難くない。

　また、左官に関しては、地元大洲に優れた技術者がいたことから、施工を依頼。瓦は寺社・城郭などに使われる岐阜産を採用した。

　このほか、和釘の第一人者として知られる松山市の鍛冶師《かじし》・白鷹幸伯《しらたかゆきのり》氏など、多くのプロフェッショナルたちが城の復元に臨んだ。

木造のこだわりの部分

　大洲城に使われた木材は四百五十立方メートル。四割が地元産、六割が全国各地から集められた国産材だった。どこにどんな木が使われているか、少しでも築城当時の仕上げに近づけようと、設計事務所、棟梁、大工らが現存天守を調査し、材を決めた。

　完成後、天守内部の木の美しさ、木組みに秘められた匠の技とその見事さに観客から感嘆の声が上がったが、木が赤いことを不思議がる声があった。

　大洲城に使われた木材は、樹皮に近い周辺部「白太《しらた》」という部分をすべて除いた。この部分は心材に比べて色が淡いため、白肌、辺材、白材《はくざい》ともいうのだが、腐りやすく虫が付きやすい。それに比べ、耐朽性があるのが「赤味」「赤肌」「心材」ともいう内部の色が濃い部分で、そこだけを使っているため赤いのである。

　木は、樹齢と同じ寿命を持つといわれるが、それは経験豊富な大工の知恵と技術があればこそなのである。

記録、記録、記録……伝統技術を未来に残す

城ならではの構法(設計上の柱、梁、貫

屋根を支えるための垂木(たるき)。緩やかな反りを保ち、整然と並ぶ垂木を漆喰で美しく表現する

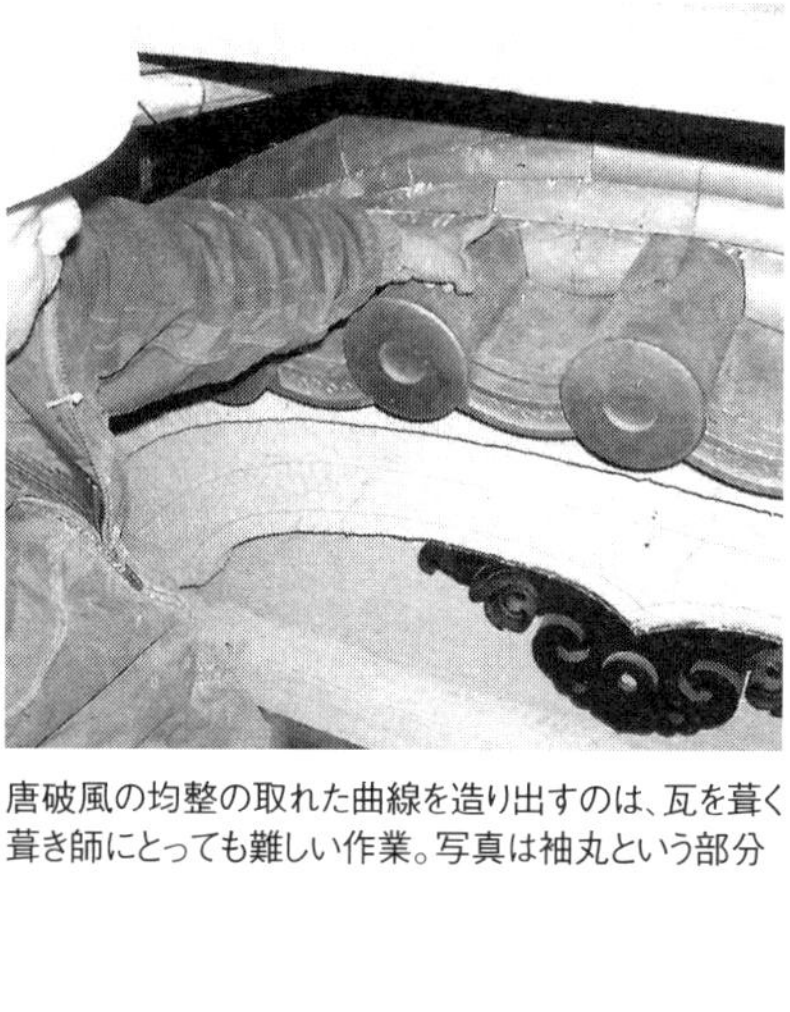
唐破風の均整の取れた曲線を造り出すのは、瓦を葺く葺き師にとっても難しい作業。写真は袖丸という部分

天守三層に載る曲線の唐破風は、前もって型板を作成するなど、左官作業の中で最も苦労した

などの木軸材の構成方法)や工法(実際の工事における造り方、組みつけ方)が見られる機会は、滅多にない。将来、大洲城に修復、改築の必要が生まれれば、伝統工法に則ったやり方が求められるし、全国各地で木造による城郭復元を目指す人たちの参考にもなる。調達した材を、どの柱に使用したか、大洲市ではそうした記録もすべて公開し、事業の経過や復元映像の記録は大洲市が果たすべき使命だという気持ちで、あらゆるものを記録に残した。

なかでも、伝統工法を映像に残したことは、後世に受け継いでいく材料が得られたという意味で、またとない貴重な機会となった。

木造による復元の意味と意義

大洲城を木造で復元できたのは、人々の熱意はもちろん、文化庁や愛媛県から理解が得られた幸運や、復元できる建築技術の保有者が存在していたためだった。

現代のような建設機械がなかった築城当時、人々がどのような苦労をしながら城を造り上げてきたのか、大木の運搬ひとつとっても、昔の人の知恵に畏敬の念を抱かずにはいられない。

復元工事の期間中はさまざまな予測不能の出来事があった。そのひとつが、平成十年十一月、基本設計を委託した宮上茂隆氏が、突然逝去されたことだった。高さ十九メートルという復元木造天守をつくることは、宮上氏の知識や経験に基づく建築設計なしには乗りこえられなかった。宮上氏の友人で、城郭建築の権威である八木清勝氏がその遺志を継ぎ、監修・指導に当たっていただけたことで、プロジェクトは前進を続けることができた。

多くの困難を乗りこえ、十年近い期間をかけてでき上がった大洲城が目の前に現れたときの感激と喜びは、今でも忘れることができないと大洲の市民たちは異口同音に言う。

城は、日本人が築き上げてきた技術の粋を結集したものであり、文化なのだと、身を以て知ることができただけでも、平成の世に敢えて木造で復元したことに意味があったと思えるのである。

復元までの十年の歩み

平成六年　大洲城天守閣再建検討委員会が発足

平成八年　建築史家・宮上茂隆氏が「木造による完全復元が可能」と発表

平成八年　七月三十一日　第一回大洲城天守閣復元委員会が発足

平成九年　三月十八日　大洲城模型お披露目式

平成十一年　二月～十二年一月　大洲市教育委員会が天守跡の発掘調査実施。礎石、菊紋瓦などが出土

平成十二年　一月十二日　初めて木材を切り出す「御杣始め式」実施

平成十三年　九月三十日　「御用木お披露目式」「手斧始めの儀」実施

平成十四年　二月五日　起工式(安全祈願祭)実施、式のあと蔵川芸能保存会による「地搗き音頭」が披露される

平成十四年　六月一日　本工事の開始を祝う「木曳き式」実施。長野県から五人の木遣りが参加し、木曳き唄を披露

平成十五年　四月四日　「上棟式」「槌打ちの儀」実施

平成十六年　九月一日　天守完成・一般公開

特別寄稿

大洲城天守の史料と復元設計について

竹林舎建築研究所 有限会社　代表　木岡《きおか》敬雄《たかお》

大洲城天守の復元史料

　天守の復元には復元史料が欠かせない。幸いなことに、大洲では江戸時代の絵図や明治初年の古写真など史料に恵まれていた。さらに天守台の残存状況も良く、発掘調査によって礎石が元の位置を保って発見され、天守一階の間取りや造営時の基準尺なども明らかとなった。各史料間の食い違いも少なく、正確な復元が可能であったことは幸運であった。

　これらの諸史料の中で特筆しなければならないのが、「天守雛形」の存在である。大洲藩の御大工《おんだいく》であった中野家に残されていた「天守雛形」は、大洲城天守の内部構造を知ることのできる唯一の史料であった。雛形は全体に古色を帯びており、部材の接合に和釘を使用している点などからも、制作時期は江戸時代末期まで遡る可能性がある。ただ雛形としては大きさも小さく、造りも粗雑なところが散見され、復元史料として慎重な扱いが必要であった。しかし心柱の存在や複雑な梁組など、実際の天守についての知見をもとに作られたことは明らかで、天守の復元史料としての重要性に変わりはない。

大洲城天守（肱川から）

　「天守雛形」から明らかになった点は実に多い。天守一階の間取りは絵図からも推定できるが、二階以上の間取りは天守雛形がなければ、復元することは困難であった。大洲城天守が姫路城天守と同様に、太い通し柱である心柱《しんばしら》を使用している点は特筆されるものだが、その心柱が三階を境に上下二本に分かれていたことは、天守雛形によってはじめて明らかになった。また内部の階段も特殊で、特に一階から二階へ至る階段は天守の心柱を廻るように掛けられ、一部は吹き抜けのようになっており、他の天守の登り難く造られた階段とは一線を画している。

史料から復元設計へ

　史料の存在は復元設計にとって前提となるものであるが、史料さえあれば復元できると考えるのは性急である。史料から得られる情報は限定的であり、複雑な建物を復元するためにはその当時の建築技術や歴史的背景、人々の美意識まで考慮しなければならない。

　比較的史料に恵まれた大洲城天守でさえ、二階以上の各階の広さや高さといった基本的な数値を記した史料は皆無であった。大洲城天守にとって重要な史料である「天守雛形」も縮尺が不統一で、史料として参考にすることはできなかった。したがってCG解析による古写真との重ね合わせを通して、各階の大きさや天守の全高を求めた。

しかし、この過程にも紆余曲折があった。設計時点で手に入れることのできた古写真は、何度かの焼き増しを経た不鮮明な写真しかなく、これらを基に復元設計を行った。しかし工事着手後、オリジナルのガラス乾板に近い鮮明な古写真が個人宅から発見され、各階の大きさの微調整を迫られた。幸い部材寸法に余裕を見ていたため大事にならずに済んだが、新出の史料が発見される可能性があることは、近世の建物の復元には常に付きまとう問題点であろう。

復元から見る大洲城天守の魅力

天守の復元を通して感ぜられるのは、創建当時の人々がいかに意を尽くして天守を造り上げていたのかということにある。

四重の天守は珍しいといわれるが、国宝に指定された松江城天守も同じく四重であり、五重の天守に準ずるものとして、当時としては決して特殊であったわけではない。

しかし大洲藩の石高から考えると、四重の天守は破格の存在である。実際の天守は東西七間に南北六間の規模で、当時としては決して大きなものではないが、肱川から見上げた天守の姿は規模の小ささをまったく感じさせない。これらは大洲城の立地と深く関連する。

大洲は愛媛県内で最大の流域面積を誇る肱川と主要な街道が交差する、文字通りの水陸の要として発展してきた。水運が重要な交易手段であった当時は肱川を行き来する舟も多く、川からの眺めが重要であったことは間違いない。天守は城下町から一番遠い本丸西北隅に位置するが、そこは大きく蛇行する肱川の正面にあたる。本丸の東側は自然の山そのままであるのに対し、西北側は何段にも曲輪を設け、城内から直接川へ降りられるようにするなど、肱川を意識した造りになっている。豊臣時代には直轄地とされ、豊かな森林資源を背景とした大洲の重要性が、天守の意匠にも反映されているのではないだろうか。

発掘調査から明らかとなった軒の出の少なさも、小さな天守を大きく見せる工夫と考えると納得できる。また古写真から分かる軒反りの少なさ、数多くの千鳥破風《ちどりはふ》や唐破風《からはふ》を据えた意匠も同じ文脈で考えることができよう。

大洲城天守の外観は各重が順次低減する層塔《そうとう》型天守であるが、その内部は三階を境に異なる。心柱が三階で継がれていることは先に触れたが、間取りも武者走りが廻る一・二階とは異なり、三・四階は一室構成となる。また三階の外周部の柱の数は二階のそれよりも多く、他の階とは明らかに雰囲気が異なる。

このように大洲城天守は二階建ての建物に、三、四階部分を載せた構造を示しており、ひと時代古い天守の形式である望楼《ぼうろう》型天守の系統に属する。外観の印象とは異なり、内部の構造からは創建時期の古さを感じさせる点も大洲城天守の特徴であろう。

復元の意義

昭和四十年代を中心に、天守の復元がブームになっていた時代があった。復元といっても外観だけで、内部は鉄筋コンクリートによる復元であった。それが平成になってから、木造による本格的な復元事例が見られるようになったのには理由がある。

明治維新後、城は無用のものとして破却され、行政機関や軍の施設として利用されるなど顧みられることは少なかった。しかし時代が変わり、歴史的遺産として評価されるようになり、史跡として保存される事例も増えた。城内の建築にも様々な規制が課せられ、史跡にふさわしいものが求められるようになった。復元される天守も外観だけでなく、内部構造まで原形の再現が求められるのは当然の帰結であろう。大洲城天守も史実にもとづいた復元を目指し、構造手法や仕様まで細心の注意を払い、復元を行った。

復元された天守がもたらす意義は様々な事項に及ぶ。一つは伝統構法の再評価にある。伝統構法は長い歴史を経て形成された日本独自の構法で、そこに見る技術や考え方は理にかなっており、今日でも見習う点が多い。

今回の復元を通して行われた一連の強度試験や構造解析手法は伝統構法の再評価への道を開くものとして、国土技術開発賞最優秀賞を受賞するなど各方面から評価を受けた。

伝統技術の継承という面でも果たした役割は大きい。日本には多くの伝統建築が現存する。それらが今日まで残されたのも、度重なる修理や修繕の賜物である。これらを次の世代に伝えていくためにも技術の継承は必須であり、復元工事の現場が果たす役割は大きい。大洲城天守では復元工事を通してその機会を提供するだけでなく、大洲市内の職人を多く採用することで、今後の復元や修理に地元の人々が参画できるように努めた。

文化財の保存と活用の面からも意義があった。大洲城跡は重要文化財の櫓が四棟も残る貴重な城郭であったが、以前は人々が訪れる機会も限られ、櫓も公開されていなかった。天守の復元によって城の構成が手に取るように分かるだけでなく、櫓内部の公開によって各櫓が果たしていた役割を把握できることは、文化財への理解をより深める意味でも重要であろう。

大洲は城跡だけではなく、城下町とそれらを囲む自然がよく残されており、歴史的景観としても貴重な存在である。肱川の川面に浮かぶ天守の姿は間違いなく大洲市のシンボルとして、人々の記憶に刻まれていくことであろう。復元された天守が未来へ向けて歴史を刻み始めている事実こそ、復元における最も大きな意義ではなかろうか。

木岡敬雄

昭和五十六年、故宮上茂隆の主宰する竹林舎建築研究所に入所。平成八年から大洲城天守の復元に当たる。平成十年の宮上の死後も引き続き、研究所代表として天守の復元設計に係わる。

特別寄稿

大洲城の許認可について

株式会社 安藤・間 建築事業本部 設計統括部 設計企画部

藤《ふじ》田《た》紀《のり》子《こ》

木造天守の復元において問題になることの一つに、建築基準法との整合性がある。木造建築はコンクリート造や鉄骨造と違って建物の高さが明確に制限されているうえ、木は「燃える」材料だから、火災が発生したとき、どのくらい建物がもつか、その間に人命を損なうことなく安全に避難させられるのか、というハードルが他の構造の建物より高い。

戦後に復元された木造天守（天守同等の櫓を含む）は国内に四例ある。福島県白河小峰城三重櫓（一九九一年竣工）、静岡県掛川城天守（一九九四年竣工）、宮城県白石城三階櫓（一九九五年竣工）、そして最も高い大規模木造建築の大洲城天守（二〇〇四年竣工）である。その天守復元の許認可手続きに、およそ二年を要したことは様々なところで紹介されているが、もう少し詳しく触れてみたい。

大洲市は、平成六年十月に大洲城天守閣再建検討委員会を発足させてから、「伝統構法を用い、もともとの高さを変えることなく、完成後は四階まで見学者に見てもらえる木造天守を造ろう」という目標で事業を開始した。当然、そのままでは建築基準法に抵触する事項が多いため、その適用除外を受けるか、第三八条大臣認定※を取得するという二つの方法を模索したが、愛媛県から「基準法三条一項の建築物には該当しない」という見解が示されたことにより、三八条による復元を目指すこととなった。

三八条の大臣認定というのは、法が予想していない材料や構造方法を、事例ごとに大臣が特例として認めるしくみで、その認定には専門機関による構造や防災の評定を取得する必要がある。だが当時は、平成十二年の基準法改正による性能規定の導入と、三八条の削除が決定していた。大洲城の設計チームは、白石城と金沢城五十間長屋で三八条による許認可手続きを経験しており、金沢城の事例において「基準法改正後に既存不適格になるとわかっている計画を、たとえ防災評定を取得したとしても認定するわけにはいかない」という旧建設省の判断がすでに出ていた。今までは個々の事例について大臣認定で対処していたが、今後は想定外の事項に対しては、個々の条文が求める性能と同等以上であることの検証が必要になる、というのだ。

ならば基準法と同等の性能を持っている、と証明するためにはどんなことをすれば良いのか、という問いに対しても、新法で示されるはずの「耐火性能検証法」もまだ整備中で、復元計画は三条もダメ、三八条もダメという八方ふさがりの状況に陥ったのだ。

人や機械にたよる管理・設備性能も認めてもらえない、不特定多数の見学者を入れるなら塔屋としても認められない、鉄骨に木を巻いて造ったらだめなのか……次々と否定される計画案。大洲城の許認可取得に困難を伴うことは、大洲市や設計チームはある程度まで覚悟していたが、二年という長い道のりになるとはさすがに思っていなかった。

そんなとき、「三条一項三号の『その他の条例』を整備できないのか」という話が旧建設省との打ち合わせのなかで出てきた。「その他の条例」の中身については、法で具体的に指定されているわけではないので、現状変更の規制及び保存のための措置がなされ、担当行政(愛媛県)がその運用において「大洲城のケースを当てはめて良し」と判断するなら違法ではないし、誰も文句を言わない、ということである。

これを受けて大洲市と設計チームは、さっそく『(仮称)大洲市歴史的建造物保存条例(案)』の作成準備に取りかかった。良いことは重なるもので、「新たに条例を整備しなくても、大洲城天守復元の計画敷地は県指定の史跡なので、すでに現状変更規制と保存措置が講じられていることは明確である」との見解が示された。さらに兵庫県篠山市の篠山城大書院が基準法の適用除外によって復元された、という情報を入手した。これは愛媛県を説得するための絶好の情報で、それまでの打ち合わせでは暗かった市の担当者の表情が、一気に明るくなったことを、設計チームのメンバーは今でも思い出すという。

大洲城の天守も、「基準法第三条一項三号の『保存建築物』を復元するものとして同条一項四号に該当する」と見なされ、建築基準法の適用除外を受ける基礎ができあがった。とはいえ、最上階まで見学者を入れるためには、建物の安全性を確保しなければならない。大洲城の防災及び構造計画は、旧建設省による防火及び構造安全性の評価指針に示されている基本方針に準拠することとした。それをもとに作成した構造・防災計画の安全性評価を日本建築センターに委託、センターが主催する専門部会を計九回、検討委員会を二回経て、平成十三年三月にその安全性の評価を受けた。

こうして「大洲城天守多聞櫓復元計画」は、平成十三年六月六日に開かれた愛媛県建築審査会において「その原形の再現がやむを得ないものである」との同意を得て、建築基準法第三条の「適用の除外」を受けられることが確定し、着工に至った。平成十一年の初頭、許認可取得の業務として基準法の抵触条項洗い出しを始めてから二年半、事業開始の平成六年から数えることほぼ七年で、ようやく努力が実を結んだ。

これだけの時間を費やしたが、できあがった天守を見た後でそのことを非難する人は恐らくいないだろう。その証拠というわけではないが、大洲城は竣工後、「第七回国土技術開発賞 最優秀賞」「第一回ものづくり日本大賞 内閣総理大臣賞」「二〇〇六年日本建築学会賞（業績）」を立て続けに受賞した。特に学会賞では、審査のために現地を訪れた委員が、「本当は、二つ賞を取っているのだから学会賞はもういいだろうと思っていたけれど、川向こうから見た天守の美しさに、これは受賞させないわけにいかないとなった」と打ち明けてくれたことも、今となっては笑い話である。

近年、こういった復元において「結局はレプリカでしかない」という意見も多くあるが、大洲城天守は、妥協せず（許認可《きょにんか》）、城としてあるべき姿を受け入れ（木には節がある、割れる）、職人の技の粋を結集して造り上げた、いつかは文化財となるにふさわしい「本物」であると、事業に携わった誰もが思っているはずだ。

※平成十二年の大改正以前の建築基準法第三八条のこと

〈参考文献〉
『建築研究報告No.１４６号』２０１０年12月 独立行政法人建築研究所
村中元：著『大洲城天守の木造復元、その意義とは』公益社団法人日本マーケティング協会 マーケティングホライズン２０１５年10月号
右記のほか、当時の打合せ議事録等

藤田紀子
大洲城復元工事の当時、設計プロジェクトチームに加わった㈱前川建築研究所に在籍。旧建設省住宅局建築指導課及び㈶日本建築センターとの許認可に関する協議を担当。

特別寄稿

伝統構法による施工について

株式会社 安藤・間 建築事業本部 生産技術統括部 技術部
中村《なかむら》一男《かずお》

伝統構法は、柱・貫・梁などの軸組と土壁で構成され、継手《つぎて》や仕口《しぐち》などの接合部に金物を使用しない。古来より大工棟梁によって伝えられてきた構法であり、筋交いや金物に頼っている現代の一般木造建築の在来工法とは異なるものである。（図1）

平成十三年（二〇〇一）六月の着工後、基礎工事を終えて屋根付の外部足場を設置した。この屋根付き足場は素屋根《すやね》と呼ばれ、城郭や社寺の工事で一般的に用いられている。素屋根は工事期間中、木材など大事な材料や、乾燥を必要とする土壁漆喰、屋根瓦葺き作業を風雨から守るほか、悪天候による工程の遅延を防ぐ役目を果たす。素屋根は建物をつくる前に必要となるため、一般の外部足場のように工事中の建物から支えを取ることができない。また、工事場所が史跡に

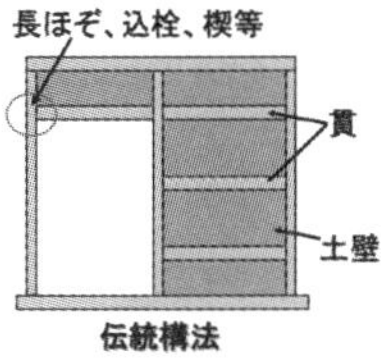

(図1)

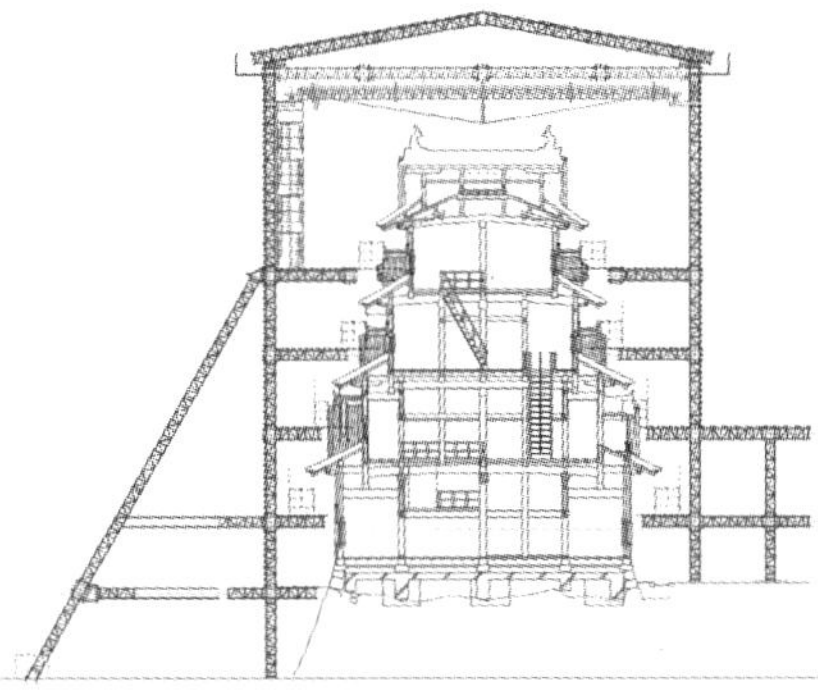
(図2)

指定されていれば、足場の基礎や支持材を埋設することも制限されてしまう。さらに上部を屋根で覆ってしまうので、資材を外部から足場内部へ取り込む設備も必要となる。大洲城では、強度の高い軽量鋼製特殊ビーム材を採用し、柱のない大空間や丈夫な作業床を構成することができた。その内部空間に天井走行クレーンを据えることによって、壁土や瓦など重い資材の仮置きや、クレーンによる効率の良い作業が可能となった。(図2、写真1)

城郭工事で重要な工種に木工事がある。大洲城で使用した木材量はおよそ四四八立方メートルで、材の調達に約三年の歳月を費やしたという。(木材は大洲市支給)木材の四分の三は檜で、杉、栗、椹《さわら》、樟なども使っている。檜の約四割は地元周辺のもので、なかでも大洲市民からの寄木が多く、天守復元に対する想いと期待の大きさがうかがえた。

大工は、富山県井波《いなみ》地方(南砺《なんと》市)からと地元大洲市内のメンバーで、最盛期十四名のチームを編成して作業を行った。その最初の作業は原寸引付《げんすんひきつけ》である。それは、各部材の納まりや継手・仕口部分を中心に、設計図に基づいて実物大で描く作業である。特に軒先や、破風板と呼ばれる妻飾り板の反り具合は微妙な曲線であり、原寸で描いた線や曲がり具合を目で見て、棟梁と施工者、設計者が確認し、微調整をしてその形状を決定した。次にその線を写しとった型板を使用し、墨付け作業でその線を部材に再現する。これらの作業には、実物大の屋根の半分の広さがある「原寸場」が別途必要になる。木材の加工も、大量の木材を移動させながらの作業になるが、大洲城の現場では、幸運にも休業中の工場建屋を市内に借りることができたので、天井走行クレーン二基をフル活用し、これらの作業を能率的かつ安全に行うことができた。(写真2)

(写真1)

(写真2)

加工が終わると、次はいよいよ建て方である。最初に土台を据えてから一階の柱梁の軸組みを建てていく。柱には水平の貫が三段、貫孔《ぬきあな》と呼ばれる孔を貫通している。建物の隅では、柱に対して直角方向に加えて斜め方向からも梁が組み合わされる。それぞれの梁は反対側で別の柱とつながっている。ほぞの大きさに対して、ほぞ穴には遊びといわれる隙間がほとんどない。遊びをたくさんつくってしまうと、ほぞは入りやすくなるが緩みが多くなり、建物が弱くなるからである。たくさんの部材を現場で何層にも組み合わせながら建てていくのは、なかなか大変であった。言葉で表現するのは難しいが、あちらで入れてはこちらで引っ張ったり、向こうでは叩いて入れてみたり。皆が声を出しながら、「もうちょいこっちに押して欲しい!あと一分、もう一声、よっしゃ!」みたいな感じである。何人もの大工の気持ちを一つに合わせなければできない作業だ。

方作業に、部材が納まるまで半日以上かかったこともあった。（写真３）

（写真3）

多くの部材が取り合う隅部分の建て方作業に、部材が納まるまで半日以上かかったこともあった。（写真３）

　よく「伝統構法には釘を使わない」といわれるが、垂木《たるき》や長押《なげし》、床板を止めるために和釘《わくぎ》を使用する。大洲城で使った和釘は、薬師寺西塔の千年釘製作で有名な、松山市在住の白鷹《しらたか》幸伯《ゆきのり》さんにその製作をお願いした。初めてお会いした時に狭い作業場で「お前も打ってみるか」と言われ、釘を打たせていただいたが、とても難しく、まっすぐに打つことすらできなかった。白鷹さんには三千本以上の釘を納入していただいたが、残念ながら二〇一七年に故人となられた。

　左官は地元大洲の会社を中心に、松山の会社とチームを編成した。竹を使用して小舞《こまい》を掻き、土塗りをした上に漆喰仕上げをするのが主な作業である。土壁に使用する土は、良質な粘土に十分な量の藁すさ、水を加えて混ぜ合わせ、数カ月間そのまま水張り養生（寝かせという）を行う。その間に藁の皮が腐って強い繊維だけが残り、田土のように腐植臭がするにつれ、粘りの強い土に変化していく。この臭いが苦手な人も多いが、私は田舎の懐かしい臭いに感じた。この養生は、最低ひと夏は越さないといけないといわれている。

　竹は直径約一寸（三〇ミリ）の丸竹を使用し、縦横に配置して藁縄で緩まないようしっかりと編んでいく。この編み方もなかなか真似できない左官の技術である。漆喰も昔ながらの製法で作る。最初に糊炊きを行う。銀《ぎん》杏草《なんそう》という北海道産の海藻を炊くのだが、とてもいい出汁《だし》で匂いも良く、思わず飲みたくなる。これを漉してマニラすさ、消石灰を加えてよく練り混ぜると漆喰が完成する。

　現場では、製作した竹の小舞に土をつけていく。最初は荒壁土打ち作業といい、団子状にした土を、手で一つひとつ打ちつけていく。この状態でまず完全に乾燥させなければならない。乾かないうちに次の土を塗ると剥離《はくり》するなど不具合の原因となるからである。季節にもよるが、一～二カ月くらい乾燥させる。裏返しのあと、目潰し、大直し、斑《むら》直しを両面から行い、中塗り土で中塗りをして形や表面をきれいにして、やっと漆喰が塗れる状態となる。壁の漆喰仕上げは左官職人の腕の見せどころである。特に大工が型板を取って製作した破風板や軒の反り具合は、漆喰を塗った後も同じように表現しなければならないので、左官作業でも型板を用いて、大工が出した曲線そのままに漆喰を仕上げていく。漆喰は塗り始めると、乾き具合に応じて鏝《こて》で押さえないといけないため、気温・湿度に非常に影響される作業なのである。冬場は気温が低いため、夜はもちろん翌朝も押さえなければならず、職人の真骨頂を見ることになる。壁の漆喰仕上げでは、同じ壁面を別の日に塗り継ぎできないので、一度に塗れる人数を揃えて一気に仕上げなければならない。壁の大きさにもよるが、七～八人が一列に並んで鏝でシャーシャーと音を立てて押さえる様子は壮観である。（写真４）

　工事中で思い出深いことの一つが、見学者の受け入れである。大洲城天守復元工事は公共工事だが、その費用には多くの市民や企業からの寄付が充てられていた。その関係で週に何回か、十名から多い時は四十名くらいの、主に市内団体に所属する見学者が現場を訪れた。最近では、文化財や歴史的建造物の工事現場に現場見学用の専用施設を造ることが多いが、当時はそういった例がほとんどなかった。現場は工事用の設備しかなく、同行する担当者も気をつけていたが、施工者である我々も立ち会って細心の注意を払った。作業通路は、一般見学者が歩行できるように段差や突起をなくし、片付けを徹底した。

　最初は職人たちも、見学者が近

（写真4）

くで作業の様子を見ることに慣れず、作業に集中するのに苦労するなど、少なからず戸惑いもあった。しかし、作業の様子や説明を興味深く聞く見学者から「へえ〜、そうなんですか」「すごい！」といった驚きや感心する反応に触れるうちに、我々もだんだんと自分たちの仕事に対する誇りを改めて意識するようになった。それとともに、当工事にかける市民の期待の大きさを実感し、もっと頑張らなければという気持ちにもなっていった。

　工事を止める公開見学会は、工事中、上棟式の日を含めて計四回、開催した。作業中の見学者も含めると、延べ二万人以上の人々に見ていただいたことになる。市役所の方々の熱意があってのことだが、見学者専用ルートもない工事としては、大変珍しいことであった。私も拙い知識で何度か説明させていただいたが、貴重な経験であり、今では懐かしい思い出となった。（写真5）

（写真5）

※公開見学会は市との協議によりヘルメット無しで実施した

　市民参加という点では、着工時から様々な行事が行われ、施工者として協力させていただいた。平成十四年（二〇〇二）六月一日、木材加工の開始を祝う「木《き》曳《ひ》き式」が、市内を流れる肱川の鵜飼い開きに合わせて行われ、天守に使用する大きな梁丸太と柱材を披露しながら、二百五十人の大行列で市内中心部を盛大に練り歩いた。当日は初夏とは思えぬ暑さで、私たちも行列に参加し、市民の熱意を直に感じ取ることができた。（写真6）

　建物の棟上げを祝う「上棟式」は、四層四階にちなんで平成十五年（二〇〇三）四月四日に開催することが早くから決められた。古式に則った儀式は、大工たちにも滅多にできない貴重な経験になったことと思う。上棟式の翌日、翌々日には公開見学会を開催し、素屋根を覆っていたシートを開いて、工事中の天守が見えるようにし（写真7）、瓦記名会では実際に使用する瓦に、見学者に記名をしていただいた。その他、素屋根のシートに天守の外形をかたどったイルミネーションを設置し、鉄橋を渡る列車の窓から見えるよう夜十時過ぎまで点灯した。（写真8）

（写真6）大洲市提供

（写真7）
大洲市提供

（写真8）
大洲市提供

　着工から三年後の平成十六年（二〇〇四）五月二十五日、素屋根のシートが外され、大洲市民の前に天守が姿を現した。明治二十一年に解体されて以来、一一六年ぶりの勇姿である。それからさらに半年、外構工事などの付帯工事を行い、同年九月に大洲城天守は無事に竣工、一般公開された。

　私は施工者として復元工事に参加したが、このプロジェクトのために、市や市民、設計監理者、職人も含めた施工者がここまで一体となった例をほかに知らない。これは、「戦後日本初の四層四階の木造天守」という建物に負けないくらい素晴らしいことだと、私は今でも感じている。

〈参考文献〉
『大洲城天守閣復元事業報告書』大洲市商工観光課 編集・発行
『連載 大洲城天守の復元 第3回復元工事に携わって』建築技術2006年4月号

中村一男

平成三年、㈱間組（現㈱安藤・間）入社。建築施工を担当。平成十三年から施工者として大洲城天守復元工事に携わる。平成二十八年から現部署にて城郭・文化財等の営業・施工支援を担当。

talk

大洲城について語ろう

歴史を知れば、お城はもっと面白い！

三重大学の藤田達生教授は、近世国家成立史の研究のため、全国各地の城郭や古文書を尋ねて現地を訪れている。大洲城とはどんな城なのか、また歴代の城主はどんな人物だったのか、大洲市の学芸員が発掘調査などの成果も交えながらお話を聞いたところ、さまざまなエピソードから当時の状況が浮かび上がってきた。

岡﨑壮一
（おかざきそういち）
大洲市学芸員。広島県出身。1998年、愛媛大学法文学部卒業。専門分野は日本考古学。

白石尚寛
（しらいしなおひろ）
大洲市学芸員。愛媛県出身。1997年、愛知学院大学文学部卒業。専門分野は日本近世史。

愛媛県出身。1981年、愛媛大学教育学部卒業、1987年、神戸大学大学院文化学研究科博士課程修了。学術博士（神戸大学）。神戸大学大学院助手などを経て、三重大学教育学部・大学院地域イノベーション学研究科教授。専門分野は、日本近世国家成立史の研究。

著書『日本中・近世移行期の地域構造』『本能寺の変の群像：中世と近世の相剋』『日本近世国家成立史の研究』『謎とき本能寺の変』『江戸時代の設計者：異能の武将・藤堂高虎』『秀吉神話をくつがえす』『証言 本能寺の変：史料で読む戦国史』『信長革命：「安土幕府」の衝撃』『秀吉と海賊大名：海から見た戦国終焉』『蒲生氏郷：おもひきや人の行方ぞ定めなき』『天下統一：信長と秀吉が成し遂げた「革命」』『城郭と由緒の戦争論』『織田信長：近代の胎動』『藤堂高虎論：初期藩政史の研究』

藤田達生
（ふじたたつお）

大洲は南予の中心地だった

白石　三重県からお越しいただきまして、ありがとうございます。三重は南予を治めていた藤堂高虎が移っていったところなので、御縁がありますね。

藤田　私は新居浜出身で、もともと愛媛に縁がありますし、大洲には何度も研究のために伺いました。

白石　そうですね。その話も後ほど伺いたいと思いますが、まずは復元天守の印象からお話しいただけますか？

藤田　復元後、何度も大洲に来てイメージができてしまっているんですが、何回来ても、お城自体が非常にしっくり地域に馴染んでいる感じを受けます。城郭は天守を中心に造りますので、その天守が復元されたことで町が落ち着いたというのでしょうか。

白石　ありがとうございます。

藤田　皆さん、そう感じているんじゃないですかね。天守がないのはある種寂しい状態だったことが、お城を復元することによって再認識されたんじゃないかと、外から見てもそう思います。

白石　せっかく市民の皆さんから寄付をしていただいたわけですから、史実に基づいてきちんと復元することはもちろん、発掘調査の成果なども「かわら版復元大洲城」という情報紙に載せて、より関心を持っていただけるようにしました。その結果、工事期間中の見学者も二万人を超え、市民と事業に携わる者が一体となって城を復元することができました。

藤田　私も、時々大洲にやってきては「かわら版」をもらって読ませてもらいましたが、老いも若きも、お城を通して町に対する認識を高め、愛着を増していく故郷創生の手立てになったんじゃないかと思いますね。

白石　今日はお城を通して大洲の歴史を掘り下げ、皆さんに大洲のことをより深く知っていただきたいと思いますので、よろしくお願いします。

藤田　この城は建築物としても素晴らしいですが、学問的にも注目すべき点がいくつかあります。まず大洲が南予の中心だったということは、押さえておかなければいけないところです。

白石　確かに、中予と南予を結ぶ結節点に位置しますが、南予を押さえる重要な場所と言っていいのでしょうか。

藤田　もちろんです。中世以来そうですが、この城の歴史に沿っていうならば、秀吉の時代以降、小早川氏が養子の小早川（毛利）秀包をここに入れて南予一帯を支配させます。その次は、秀吉の直臣大名・戸田勝隆をここに直接置きます。高虎も初めは板島城（宇和島城）を与えられますが、加増されるとすぐに大洲に移ってきました。南予全体、あるいは土佐、瀬戸内海も含めた地域を考えると、大洲は非常に重要だったという認識で、大洲城を評価すべきだと思います。

白石　豊臣政権を担う、一つの拠点が生まれたということですね。

甲冑を身に着けた大洲城の田苗勉総支配人より、説明を受ける

秀吉の人材不足が与えた影響

岡崎　私は考古学が専門なんですが、城の復元に当たって行われた発掘調査で、確証はないのですが、下の層から、戸田勝隆の時代のものではないかと思われるものも出ています。秀吉が戸田勝隆をここに置いた意味合いとして、どういったことが考えられるのでしょうか。

藤田　ちょうど九州攻めが終わったあとのことで、戸田はそれ以前から四国攻めの時に使われていて、全く関係ない人じゃないみたいなんです。秀吉はもともと武士ではないので、子飼いの家臣が少ない。そういうなかで戸田は気の利いた人間だったとは思いますが、大名として熟していた人物だったのかというと、まだ若いし、やったことは残忍でした。

白石　軍記の『清良記』にもいろいろと話が書いてありますが、清良記自体、後の編纂物なので、本当なのかと疑いを持つ人もいるようです。

藤田　西園寺氏を騙して殺したというのは本当だと思います。『清良記』と同じような件《くだり》が『葛西旧記』にもあり、葛西氏という奥羽の大名が小田原遅参をして改易され、そのあと入ってきたのが蒲生《がもう》氏郷《うじさと》の与力だった木村吉清です。大した功もないのに秀吉に取り入って、いきなり成り上がり者が二十数万石の大名になるんですが、それが戸田勝隆と同じように名門大名の旧臣を奴隷のように扱い、民も殺して一揆が起きる。戸田と同じパターンです。

岡崎　それって、秀吉から指示を受けていたのでしょうか。

藤田　それはわかりません。ただ戸田勝隆もそうでしたが、普通、江戸時代に一揆が起きたら、大名は取り潰されても仕方ない。ところが戸田は苛政をしていて、たまたま朝鮮で病死したから治世が終わりましたが、そうでなければ続いたでしょう。木村も改易といいながら、結局蒲生の与力大名としてつながるのです。つまり、豊臣の人材不足ということもあって、よほどのことがない限り改易されなかった。地元の人間には許せなかったでしょうね。

高虎はなぜ水軍の将になったか

岡崎　発掘をしてみて、その成果からお聞きしたいことがあるのですが、私の見方では、戸田のあと藤堂高虎が大洲城に入ってなんらかの整備をし、その後、宇和島で宇和島城を造り、再度また大洲城を整備したという流れを想定しているんです。

藤田　そうなんですか。

岡崎　そのように高虎が段階的に大洲城を整備したとすると、そこに何か政治的な背景は考えられないでしょうか。

藤田　一応、板島侍従ということになっていて、入ったのは板島城です。しかし板島は、南予全体に目配りするにはちょっと端過ぎるんです。板島が

天守から、肱川下流に向けての眺め。遡上してくる敵を見張っていたと考えられている

どうして注目されたかというと、高虎が配置された文禄四年はまだ朝鮮出兵をしている最中です。高虎は来島とか佐伯、つまり伊予や対岸の豊後の水軍を集めて朝鮮半島に攻めていった水軍の大将格の一人でしたので、板島に配置されたのは、まずは水軍の大将として育ってほしいという政権側の意向があったことになります。

白石　高虎は「文禄の役」と「慶長の役」の二回、朝鮮に行き、〝水軍の将〟として活躍するわけですが、どちらかというと陸戦で手柄を得た人という印象でしたし、もともと各地に九鬼《くき》水軍、塩飽《しわく》水軍、村上水軍などがいましたから、どうして高虎は彼らを掌握し、そういう地位に上り詰めることができたのか不思議です。

藤田　確かに高虎は海のない近江、現在の滋賀県で生まれてますからね。しかし秀長の家来のとき、すでに紀州の水軍衆に声を掛けています。それだけじゃなく、この時代は海での戦い方が大きく様変わりしたんですよ。村上水軍の時代は、本当に職人的なところがあって、船を操るのが滅茶苦茶うまく、敵の船に近づいて火矢を放ったり、船に飛び移って戦ったりという〝海の武士〟的なところがありました。しかし秀吉のころには、安宅船《あたけぶね》という海上の城郭のような軍船ができていて、大炮とか鉄炮を使う。安宅船だけじゃなく、中型高速艇の関船《せきぶね》なども火器を中心に戦う。実は鉄炮が最も早く使われた戦いは、陸戦ではなく海戦なんです。

白石　確かに海戦だと弓矢では届き難い。火器の方が破壊力は強いですよね。

藤田　だから、アジアでいち早く鉄炮を使ったのはマラッカ海峡の海賊たちのようです。日本でも、瀬戸内海では早くから海賊たちが使ったんです。高虎は城づくりもうまいけど、やっぱり火器を使うのがうまい。戦も土造りの城の戦いから、石垣を高く築いた城で、鉄炮や大炮を使って戦うように変わったのと同じです。時代の移り目の中で、高虎が城づくりの名手として、水軍の大将として成り上がっていくというのは、要するにそういうことなんです。

藤田氏の左にあるのが「心柱」。建物の中心ではなく半間（約1m）北寄りにあり、他の城では見られない構造をしている

所領を持った蔵入代官とは？

白石　戸田勝隆も、藤堂高虎も、蔵入代官として大洲に入ってきました。所領を持ちながら蔵入代官という位置付けは、大名として重視されているのか、蔵入代官として重視されているのか、そのあたり豊臣政権時代というのはどうなんでしょう。

藤田　天下統一期の豊臣大名は、自分の石高と同じくらいの大きな蔵入地を持たされ、代官をしながら自分の領地も近くに持っているというパターンが多い。それが、豊臣大名の普通の姿です。伊予では、関ヶ原の戦いで蔵入地が領地のなかに編入されてしまい、消滅してしまいます。しかし全国的に見ると、西国を中心に豊臣蔵入地は残っています。

白石　蔵入地からの上がりは、どう使われたのですか？

藤田　よくいわれるのは、天下統一戦に使っていく、あるいは豊臣の直臣、旗本にあたるような上方衆に年貢米として渡す。伊予に領地を持つ秀吉の旗本衆が何人もいて、高虎や加藤嘉明が蔵入地から年貢を渡してやるということをしています。だから豊臣の領地は全国に散らばっていて、大名がずっと豊臣家の財産管理者をしていきます。そこが江戸時代の大名との違いです。

白石　蔵入地の城はどういう扱いなのですか？　たとえば藤堂が蔵入地として大洲を預かったとき、城に手はつけられないんですか？

岡崎　私も高虎は結構、大洲城に手を入れていると見てるんですが、預かっている城でも手をつけられたんだろうかという疑問があります。

藤田　いや、つけられるんじゃないですか。たとえば、これは私の説ですが、高虎は中予にも支城を持っていて、塩泉城と呼ばれているのは湯築《ゆづき》城だという説を出していますが、あれは蔵入地代官として治めるための城郭だと見ています。それが関ヶ原の戦い以降、自領の城になっただけです。豊臣期においては、蔵入地を支配する城郭は代官所として位置づけられていました。しかし江戸時代には、みな公的な城になる。それは国替があったからなんです。

白石　では、大洲城が公的な城郭、板島城が自分の城郭という感じですか？

藤田　基本は預かりですが、公私の区別がどの程度あるのかなっていう気もします。天正十九年に秀吉は、太閤検地の結果をまとめて天皇に献上する御前帳まで作成させてますから、城といっても預かりもので自分のものではない。江戸時代には、武家屋敷も官舎。城だって今で言う国有財産ですから、国替の時にはきちんとして渡さねばならないし、城米も武具も全部チェックされなかったら移っていけません。幕府の上使が来て、城だけじゃなく武家屋敷も全部見ていくんですから。

白石　確かにそうですね。

藤田　江戸時代になると、国替の作法は整備されます。私が見たある藩の史料では、家財までチェックしてました（笑）。消費財以外はすべて国有財産です。江戸時代、転封が多かった大名家は何回移ってると思います？　十二回です。大名もたまらないけれど、従う家臣団も大変でした。

高欄櫓にて。万延元年（1860）に再建された建物は、天守とはまた違う風格を漂わせる

白石　一家、一族大移動ですね。

藤田　その代わり、トラックも何もない時代ですからね。九州の大名が本州へ移ったり、四国の大名がどこか遠くへ移ったりするとき、ほとんど何も持たずに移っていけるのは、居住環境というか、生活環境が保証されてるからで、江戸時代においては、城も武家屋敷も国有財産だったんです。

藤堂築城説と、脇坂移築説

藤田　秀吉の次、徳川政権が確立していく時の大坂包囲網、瀬戸内海の監視網ということを意識した場合、大洲は非常に重要でした。高虎は慶長十三年に津へ移っていきますが、そのあともしばらく大洲を維持しようと、百姓に対して文書で通達したり、脇坂安治をすぐに配置したりしています。

白石　先生の著書『江戸時代の設計者：異能の武将・藤堂高虎』に書かれている「十月一日付藤堂良勝宛高虎書状」ですね。

藤田　津へ行くのは急に決まったことで、ちょうど大坂包囲網を作っている最中でしたが、その大坂城とカップルの城郭として、脇坂の洲本城があったわけです。今、洲本城には模擬天守がありますが、そこからだと本当に大阪がよく見えます。それと、東から入ってくる船、紀淡海峡を上ってくる勢力をチェックをする関門だったのですね。ですから徳川方からすると、あの三熊山山頂の城郭はなくしたいわけです。

白石　瀬戸内海から九州にかけての、豊臣恩顧大名に対する監視体制ということからすれば、そうでしょうね。

藤田　高虎は、自分の盟友である脇坂を移せばいいだろうと、家康に進言して許されたのだと思います。この当時、なんの戦もありませんでしたが、当時淡路で三万石だった脇坂が、大洲に来ることによって五万三千五百石に加増されていますので、当然いい条件を与えて移させたということですね。

白石　脇坂の国替とともに、城郭もついでに移そうということですか。

藤田　そうです。私は瓦なども含め、城全部をそっくり大洲へ持ってきたんじゃないかと思っていたんです。下の部分は先にしっかり石垣で組んでおいて、後付けで天守を載せたため、現在の形状になっただけではなく、本丸が狭小のため、暗がり門が、枡形のスペースを確保することができず、横から出入りする珍しい形になったんだと思います。石垣の処理の仕方も、本丸西側の石垣が大規模な高石垣で、隅部は明確に現れ、高度な技術を示しています。しかし、本丸の東側石垣は高さや隅部の処理の点で技術的に劣っていますし、石材も小さい。そこにも移築したことが表れていると思いますね。

岡崎　先生は、前任の大名・戸田勝隆や藤堂高虎によって築かれた本丸があって、その西側を脇坂安治が新たに石垣普請し、洲本城から建造物を移築したと考えておられるんですね。

藤田　天守台の下を掘ったら、もっと前の天守台が出てきたというのもヒントではないかと思っています。脇坂が移ってきたのは、家康の西国政策、つまり大坂包囲網の中に大洲が位置付けられていた。だから脇坂一人の力で城が移築されたのではなく、少なくとも高虎たちと協力して移築した可能性がある。確定ではないのですが、一つの説としては成り立つんじゃないかと思います。

岡崎　大洲城復元天守を設計された宮上茂隆先生も建築の観点から、洲本城との類似点として、天守以下の建造物の規模がほぼ等しいといっておられます。天守を中心に、櫓を多聞櫓で連結させる縄張もよく似ています。

藤田　天守古写真からは、下見板張や花頭窓などを採用していたことがわかるし、古式天守の特徴も色濃く持っています。それプラス、当時の政治史から見ても、移築説は成り立ち得る話じゃないのかなと思います。ですから私も、今のところ宮上説に賛成ですね。そういう意味では政治史的にも重要な位置付けが何回かあり、全国的なレベルでも注目された時代があったんじゃないかと思います。安治の転封と同時に、洲本城が廃城となっていることも傍証となるのではないでしょうか。

藤堂高虎の城づくり、町づくり

白石　藤堂築城説は、完全に否定すべきものなんでしょうか。

藤田　藤堂高虎もわずかな期間ではありますが、大洲にいたわけです。何もしていないわけではなく、高虎の築城に特徴的な犬走りが確認される二の丸あたりには、どうも藤堂の痕跡があると思われます。

岡崎　発掘調査でも、宇和島城、今治城と共通する文様の瓦が出土しています。大洲城を含めてこの三城に関係したのは高虎だけなので、藤堂時代の痕跡といえるかもしれません。また菊紋瓦なども、藤堂期の可能性があります。

藤田　しかし、さすがに小早川時代のものはない。おそらく発掘したところあたりが、戸田時代の面かなと思います。戸田、藤堂、脇坂、加藤氏、それから町中も含めて仔細に見れば何層もの歴史段階が明らかになってくる。そういう発見の面白さというものも、城や町を楽しみ、歴史に興味を持つひとつのきっかけになるかなと思いますね。

白石　高虎が造った城の特徴には、どんなものがあるんでしょう。

藤田　石垣もそうですけど、建造物にもいくつかの特徴があります。彼は大洲城改修のあとに今治城を造っていますが、今治城は層塔型天守です。もし高虎が大洲城天守を造っていたとすれば、もっと完成された層塔型にならなくちゃいけないんですが、発展途上の層塔型でちょっと古いんです。

白石　大洲城の心柱は、絵図でも中心から少しずれていますし、大洲藩大工棟梁の中野家に伝来した雛型から一階と二階部分に吹き抜けが設けら

復元天守と同型の鯱瓦を見る。その目には蛇の目紋が

4階まで吹き抜けになっており、急階段がかかる

れていることがわかっています。

藤田　高虎はたくさん城を造って、それこそ江戸城、二条城、伏見城、大坂城と徳川方の主要城郭を手がけましたが、極端に表現しますと、みんな今治城の天守を大きくしたり小さくしたりしただけの話で、実に単純な造りなんです。ですから大洲城の特に天守を見たとき、これを高虎築城というのはちょっと難しい。脇坂の城の造り方というのは、いまひとつ私はよくわかりませんが、まあ高虎ではないだろうなと。

白石　高虎築城説は、何を根拠にいわれてきたんでしょうか。

藤田　江戸時代の代表的な城郭を直接的、間接的にほとんど手がけたためだと思います。とりわけ将軍家の城については名古屋城を含めてほとんど関わっていますし、西国地域でも彼以上に造った人はいないということですね。

白石　実績というか、数なんですね。

藤田　造り方そのものは、割と単純で早いんです。ほとんど移築ばっかりやってますし。要は今治で完成させた造り方を、その地域に合わせて大きくしたり小さくしたり高くしたりするだけで、言ってみれば設計図の使い回しをやってるんです（笑）。私は、復元された今治城の大手門を初めて見た時に、どこかで見たことがあるなと思ったら、指図（設計図）しかありませんが、津城の本丸大手門と似ているのです。天守もそうです。江戸城だろうが大坂城だろうが、みんな基本的な構造は今治城の天守と同じです。しかし、大洲城は構造的に違うのです。

白石　先生は城下町の形成にも関心をもっておられ、以前、昔の町並み、本町・中町・末広町・志保町あたりを歩いていただいたことがありました。

藤田　白石さんは以前、中町を中心に町割がどう変遷したか研究されていて、私はその論文を興味深く読ませてもらいました。江戸時代の城下町をはじめとする都市は完全な人工都市で、自然にできたものは一つもありません。言ってみれば人為的に、その地域の政治・経済・文化などをどうしたいのか、大名や家臣団が一生懸命に考えた上で城づくり、町づくりをやります。当然お城と城下町がうまくつながっていくように配置されていて、

昭和31年、空から見た大洲城跡。古い町割の跡が分かる(愛媛県歴史文化博物館蔵)

とりわけ街道をどう取り込んでいくかはすごく重要な問題で、そのときの城主たちがこの町をどのように発展させていくのかを考えに考えた、まあ言ってみれば作品ですね。

白石　直方型の竪町、奥行きが長く、間口が狭いという大洲の特徴を盛んに言っておられました。

藤田　そうそう。町を歩いていると、時々、「ああ、これなんか、豊臣時代まで遡れるかもしれないな」というように感じるんです。もちろん現在の姿は、その後の江戸時代を経験しているから、当然その上にプラスαされているのはわかっているんですが、基礎にある長方形街区、短冊形地割がいまだにしっかりと残っている町は珍しい。昔、大洲に来たとき宿泊させてもらい、気持ちよく町を歩いていると、豊臣時代にタイムスリップしたようで、この町並みの雰囲気っていうのは、いいなあと思います(笑)。

白石　先生にしか感じられない感覚ですね(笑)。豊臣時代の雰囲気までは、なかなか一般の方に感じてもらえませんが、大洲には今でも江戸末期頃の町家や、窓にはめ込んだ格子などが残っていて、そのへんが伊予の小京都といわれる所以かなと思います。

藤田　大洲は、家の地割を含めてまだ古い町の痕跡が残っている全国的に見ても珍しいところです。大洲城自体も肱川を壕とし、軍事上、巧みに川を利用していますが、これは自然との共生をめざした縄張りにしたと考えられ、その時の意識が今も生かされているといいますか、お城の復元によって歴史と共生した町の良さがますます磨かれてきていると思います。そういう意味で、お城も町割も大切に伝えていっていただければと思いますね。

天守2階の火灯窓より、高欄櫓を望む

藩政時代の大洲がよみがえる
壮大で華麗な大名行列

秋祭（八幡神社のお成り）

江戸時代、大洲藩六万石の総鎮守として歴代藩主が崇敬した八幡神社。現在も「八幡さん」として親しまれ、毎年十月三十一日から十一月二日にかけて秋祭（大祭）が行われる。十一月一日の例祭（本殿祭）は一年で最も重要とされ、翌二日の、現在は「大名行列」として知られる御神幸祭《ごしんこうさい》（お成り）が祭りの名物だ。

お成りは三百年以上の歴史を持ち、三基の鳳輦《ほうれん》（神輿）を中心に、二百五十名を超える地元有志らがお供として時代衣装で大洲市街を巡幸する。太鼓に合わせた独特の歩調で歩む御長柄《おながえ》は、参勤交代時の歩調を今に伝えるとされており、明治天皇が東京へ遷都した行幸の際も、大洲藩がこの歩みで行列の先頭を務めたと伝わっている。

1_ほうきで道を掃き清める「御（お）先払い」を先頭に進む　2_長い槍を持ち行列の先駆を務める御長柄は〝お成りの華〟ともいわれる。大洲藩の御長柄は柔軟性と強靭さを備える竹が素材だった　3_鳳輦に御遷（おうつ）りになった御祭神の御神霊を護りながら巡業する　4_行列の道具の一部は今も250年前のものを使用　5_八幡神社の創建は聖武天皇の御代、天平年間（729〜749）と伝わる

【八幡神社】
所 大洲市阿蔵甲1844　☎0893-23-4184
P 9台有り（坂下の参道入り口左手と、山頂の神社前）

明治天皇行幸で注目を集めた歩み

大洲藩の蛇の目の紋が入った装束を身に着け、鳳輦を護衛しながら太鼓に合わせて歩む「御長柄組」。大洲藩が参勤交代の道行きでこの歩調をとっていたといわれ、8人ずつの列を成すことから「八八の供」とも呼ばれる。かつて明治天皇が京都から東京へ移った行幸の際、先頭を飾る大洲藩のこの歩みの美しさが評判になったそうだ。

肱川流域ならではの
伝統と由緒を今に伝える

大洲神伝流 泳法の寒中水泳

「主馬神伝流《しゅめしんでん》」は江戸時代初期で初代藩主・加藤貞泰の従兄弟である加藤主《しゅ》馬《め》光尚《みつなお》によって創設された「水術」で、常に前方を凝視した姿勢を保ち、甲冑をつけたまま泳ぐことができる。体を水面に伏せて泳ぐ「平体《へいたい》」と、足で半円形を描きながら立ち泳ぎする「扇足《あおりあし》」を中心とし、その実用的な泳ぎは参勤交代の際に大井川の渡し人足に「伊予の川猿」と呼ばれ畏怖されたという。

明治時代に入ると水術としての公的な継承は途絶えたが、市民の間で大切に引き継がれ、現在は毎年成人の日に開催される寒中水泳大会で、主馬神伝流保存会の会員らがこの泳法を披露している。

1_新春を寿ぐとともに新成人の前途を祝福して行われる寒中水泳大会　2_愛媛県内で伝承されている唯一の古式泳法とされる　3_主馬神伝流泳法の祖とされる加藤主馬像（大洲市立博物館提供）　4_定期的な水泳教室や夏の肱川での水泳学校を開催し、継承者を育成している　5_肱川の河原にある「神伝流発祥の地」の碑は、大洲城の苧綿櫓のそば

【大洲神伝流泳法】
県指定無形文化財
所有者／主馬神伝流保存会

日本泳法「主馬神伝流」の歴史

日本泳法には13の流派が存在し、大洲市の「主馬神伝流」もこのうちの一つ。

元和3年（1617）	大洲藩初代藩主・加藤貞泰の重臣である加藤主馬光尚が肱川で創始、岡如柳斎吉英《おかじょりゅうさいよしひで》によって完成
昭和32年（1957）	神伝流の一つの分派として日本水泳連盟に登録
平成14年（2002）	愛媛県無形文化財に指定
平成25年（2013）	主馬神伝流として日本水泳連盟が一流派に認定

かの英雄が歩いた道を辿り
偉業に思いを馳せる

わらじで歩こう 坂本龍馬脱藩の道

文久二年(一八六二)三月二十四日、土佐を脱藩した坂本龍馬は、伊予との境にある韮ケ峠《にらがとうげ》を越えて現在の西予市野村町に入り、大洲市河辺町から内子町五十崎、大洲城下、長浜へと抜け、船で長州へ渡ったといわれている。

河辺町では毎年九月に町内の「脱藩の道」を歩くイベントを開催しており、龍馬ファンをはじめ多くの人々が全国から集う。森林浴を兼ねた健康ウォークで、「Aコース 脱藩の道オンリーコース(約十五km)」と「Bコース 浪漫八橋と脱藩の道コース(約十七km)」の二コースがある。後者は明治から平成の各時代に架けられた八つの屋根付き橋も巡る。英雄と同じ道を辿れば、その偉業がしみじみと偲ばれる。

1_森や田畑、河辺の自然を感じながら歩く脱藩の道
2_龍馬を熱く語り、シャモ鍋を楽しむ前夜祭も(別料金)
3_龍馬の扮装でわらじを履いた「龍馬役」と共に、完全踏破を宣言する出立式
4_大人も子どもも元気に歩く。足元はわらじでなくても、履き慣れたウォーキングシューズなどで可
5_浪漫八橋の一つで、龍馬が渡ったともされる「御幸の橋」

【わらじで歩こう坂本龍馬脱藩の道】
開催時期／9月中下旬
集合場所／河辺ふるさと公園
実施場所／河辺町内脱藩の道
料金／2,000円
(昼食、記念品代、保険料等含む)
申し込み先／0893-39-2111(河辺坂本龍馬脱藩の道保存会／大洲市河辺支所地域振興課内)

山河の風景を彩る屋根付き橋「浪漫八橋」

河辺町には、地域住民と共に歴史を刻んできた8つの屋根付き橋があり、総称「浪漫八橋」と呼ばれている。最も古い「御幸の橋」は県指定有形民俗文化財。安永2年(1773)の架設で、現在の橋は明治19年(1886)に再建された。美しい曲線を描く屋根や欄干の擬宝珠(ぎぼし)の装飾なども非常に美しく、趣深い。

年表「大洲と大洲城の歩み①」

※加藤泰興により「大洲」と改称されるまで「大津」であったが、混乱を避けるため、史料の引用箇所を除き「大洲」で統一した。

時代	大洲藩主	西暦（元号）	大洲城・城下町に関する出来事	日本の動き
鎌倉		1331（元弘元）	宇都宮豊房、大津の地、地蔵ヶ岳に城を築く（後の大洲城）	
江戸		1585（天正13）	羽柴秀吉の四国平定後、小早川秀包を大洲城に配置し喜多郡・宇和郡を統治	
		1587（天正15）	戸田勝隆が大洲入城。喜多郡・宇和郡を支配	
		1592（文禄元）		豊臣秀吉、藤堂高虎らを朝鮮に渡らせる（朝鮮出兵）
		1595（文禄4）	藤堂高虎が宇和郡の内7万石を領して板島に入り、豊臣家の蔵入地である喜多郡の管理を委任される	
		1597（慶長2）	高虎、慶長の役への出陣にあたり出石寺に参拝し戦勝祈願。大洲から出陣する	慶長の役
		1598（慶長3）	高虎、喜多郡の内1万石を加増され大洲城を得る 高虎が朝鮮から連れ帰った儒学者・姜沆が大洲を脱走	豊臣秀吉が死去。日本軍が朝鮮から撤退
		1600（慶長5）	高虎、関ヶ原の戦いの戦功により伊予半国20万石を領する	関ヶ原の戦い
		1603（慶長8）		徳川家康が征夷大将軍となり、江戸幕府を開く
		1608（慶長13）	高虎が伊勢国安濃津城に移封され大洲を去る	
		1609（慶長14）	脇坂安治が大洲に入城。喜多・浮穴・風早の三郡で5万石余を領する	
		1615（元和元）	安治隠居、子の安元が大洲を引き継ぐ	大坂夏の陣
	初代 貞泰	1617（元和3）	安元が信濃国へ国替となり、米子から加藤貞泰が大洲城へ入城	
	二代 泰興	1623（元和9）	泰興が13歳で家督相続	徳川家光が三代将軍となる
		1634（寛永11）	中江藤樹が大洲より脱藩、近江へ帰郷	
		1635（寛永12）	泰興、幕府へ領地交換を願い出て大洲藩の飛び地、風早・桑村郡と松山藩の伊予郡・浮穴郡を交換	幕府、参勤交代制を定める 日本人の海外渡航・帰国を禁じる
		1642（寛永19）	新谷藩が誕生、初代藩主は泰興の弟・直泰	寛永の大飢饉
		1669（寛文9）	盤珪、泰興が創建した如法寺へ入寺	
	三代 泰恒	1674（延宝2）	泰興64歳で隠居し孫・泰恒に家督を譲る	
	四代 泰統	1715（正徳5）	泰恒59歳で病死、二男・泰統が家督相続	
		1716（享保元）		徳川吉宗、八代将軍となり享保の改革を行う
		1722（享保7）	大洲城、三の丸南隅櫓焼失	
	五代 泰温	1727（享保12）	泰統39歳で急死、長男・泰温が家督相続	
		1732（享保17）	陽明学者・川田雄琴が大洲へ召し抱えられる	享保の大飢饉
		1738（元文3）	藩財政再建のため木蠟の生産を始める	
	六代 泰衑	1745（延享2）	泰温30歳で急死、池ノ端家から泰衑を養子に迎え入れ、六代藩主となる	

年表「大洲と大洲城の歩み②」

時代	大洲藩主	西暦(元号)	大洲城・城下町に関する出来事	日本の動き
江戸	六代 泰衑	1747(延享4)	泰衑、伊予で最初の藩校「止善書院明倫堂」を創設	
	七代 泰武	1762(宝暦12)	泰衑隠居、五代泰温の二男泰武が家督相続	
		1766(明和3)	焼失した大洲城の三の丸南隅櫓が再建される	
	八代 泰行	1768(明和5)	泰武24歳で江戸に没し、六代泰衑の長男・泰行が家督相続	
	九代 泰候	1769(明和6)	わずか1年で泰行死去、六代泰衑の四男泰候が10歳で家督相続	田沼意次、老中格となる
		1774(安永3)	泰候、藩財政再建策として伊予郡本宮村で塩田開発	
		1775(安永4)	同じく藩財政再建のため砥部焼を奨励	
	十代 泰済	1787(天明7)	泰候28歳で江戸で死去、長男の泰済が3歳で家督相続	松平定信が老中筆頭となり改革を行う(寛政の改革)
		1808(文化5)	伊能忠敬、大洲城下を測量	
	十一代 泰幹	1826(文政9)	泰済42歳で江戸に没し、長男・泰幹が家督相続	
		1828(文政11)		シーボルト事件
		1848(弘化5)	武田成章、大坂で緒方洪庵の蘭学塾「適塾」に入門	
	十二代 泰祉	1853(嘉永6)	泰幹41歳で死去、長男・泰祉が10歳で家督相続	ペリーが浦賀へ来航。プチャーチンが長崎へ来航
		1854(安政元)	武田成章、箱館に五稜郭の造営を開始	日米和親条約調印。下田、箱館を開港
		1857(安政4)	地震により、大洲城の台所櫓。高欄櫓が大破	
		1858(安政5)	三瀬諸淵、肱川河原で電信の実験を行う	井伊直弼、日米修好通商条約を無勅許調印。安政の大獄
		1859(安政6)	大洲城の台所櫓が再建される	
		1860(万延元)	大洲城の高欄櫓が再建される	桜田門外の変
		1861(文久元)	三瀬諸淵、シーボルトとともに江戸へ赴くも、幕府の命で江戸大洲藩邸に幽閉される	
		1862(文久2)	大洲藩から山本尚徳ら周旋方を京都へ派遣、京都警護を許可される	坂本龍馬、土佐を脱藩。生麦事件
		1863(文久3)	泰祉、攘夷の立場から勤王派に藩論を統一	薩英戦争
	十三代 泰秋	1864(元治元)	泰祉21歳で死去、弟の泰秋が家督相続 五稜郭完成。武田成章、江戸の洋学所「開成所」の教授となる	禁門の変。四国艦隊下関砲撃事件
		1865(慶応元)	朝廷より御所警護のための藩兵上京を命ぜられる 泰秋、蒸気船「いろは丸」を購入	
		1866(慶応2)	前年に出獄し大洲へ帰郷した三瀬諸淵、シーボルトの孫娘・高子と結婚	薩長連合成立。徳川慶喜、十五代将軍に就任
		1867(慶応3)	坂本龍馬率いる海援隊に貸与したいろは丸が、紀州藩船と衝突し沈没 大洲藩武成隊が編制され、甲府城警備や奥羽討伐に貢献する	大政奉還。坂本龍馬・中岡慎太郎暗殺。王政復古の大号令

時代	藩主	年	大洲の出来事	国内・世界の出来事
明治	十三代 泰秋	1868（慶応4／明治元）	明治天皇の京都からの東京行幸に、泰秋と大洲藩兵が前駆として随従	戊辰戦争。江戸城無血開城。江戸を東京と改称。「明治」と改元
明治		1869（明治2）	泰秋、版籍を奉還し大洲知藩事となる	明治天皇が京都から東京へ移る。五稜郭の戦いで戊辰戦争終結。版籍奉還
明治		1871（明治4）	武装農民による大洲騒動が勃発、収束のため大参事・山本尚徳自刃	廃藩置県。散髪脱刀令布告
明治		1872（明治5）	大洲城「廃城」が決定、城郭や地所が徐々に拝借・払い下げにて個人所有になっていく	全国の城郭調査を実施し「存城」「廃城」を決定
明治		1883（明治16）	喜多郡長・下井小太郎が模範桑園をつくり、養蚕業を振興	
明治		1884（明治17）	華族令制定により泰秋は子爵を叙爵	
明治		1888（明治21）	大洲城天守の取り壊しに着手。4つの櫓のみが残る	
明治		1889（明治22）		大日本帝国憲法発布
明治		1890（明治23）	河野喜太郎と程野宗兵衛が大洲町に蒸気機関の器械製糸工場設立	
明治		1891（明治24）	泰秋、北海道の加藤農園開拓に着手	
明治		1881（明治32）	大洲繭売買所開設	
明治		1901（明治34）	大洲商業銀行本店（現在のおおず赤煉瓦館）が竣工	
明治		1911（明治44）	泰秋、貴族院子爵議員補欠選挙当選	
大正		1914（大正2）	肱川橋開通、落成式	
大正		1914（大正3）		第一次世界大戦始まる（～1918年）
大正		1924（大正13）	大洲・鹿野川間の道路が開通し、肱川から舟運が次第に姿を消していく	
昭和		1926（大正15／昭和元）	泰秋81歳で東京で死去	大正天皇崩御。「昭和」と改元
昭和		1941（昭和16）		太平洋戦争始まる（～1945年）
昭和		1953（昭和28）	大洲城跡が県指定史跡に指定される	
昭和		1957（昭和32）	大洲城の台所櫓、高欄櫓、苧綿櫓、三の丸南隅櫓が国の重要文化財に指定される	
昭和		1959（昭和34）	大洲城の苧綿櫓の解体修理完了	
昭和		1864（昭和39）		東京オリンピック開催
昭和		1965（昭和40）	大洲城の三の丸南隅櫓の解体修理完了	
昭和		1970（昭和45）	大洲城の台所櫓、高欄櫓の解体修理完了	大阪万国博覧会
平成		2002（平成14）	大洲城の天守復元工事起工	ユーロ流通開始 北朝鮮拉致被害者帰国
平成		2004（平成16）	大洲城の天守復元工事完成	
平成		2018（平成30）	大洲城天守復元後、入場者50万人達成	西日本豪雨により甚大な被害を受ける
平成		2019（平成31）	肱川にて、豪雨災害からの復旧・復興を祈念する「大洲復興冬花火大会」を開催	

取材協力
写真提供
（敬称略・順不同）

国立国会図書館／国立公文書館／洞爺湖町／函館市教育委員会／函館市中央図書館／奥州市／高知県立坂本龍馬記念館／東京都立中央図書館／公益財団法人 鍋島報效会 徴古館／大阪城天守閣／大阪大学アーカイブズ／台東区立産業研修センター 皮革産業資料館／横浜開港資料館／シーボルト記念館／長崎大学附属図書館 経済学部分館／亀岡市文化資料館／洲本市教育委員会／西蓮寺／松山城／伊予市教育委員会／伊予市立図書館／砥部町伝統産業会館／八幡神社／今治城／佐賀県立名護屋城博物館／たつの市立龍野歴史文化資料館／公益財団法人 渡辺美術館／宇和島市教育委員会／公益財団法人 宇和島伊達文化保存会／宇和島自動車株式会社／大洲歴文会／伊予史談会／如法寺／龍護山曹渓院／住吉神社／大洲市立博物館／愛媛県歴史文化博物館／村上恒夫／満野公介／下井洋一／灘口慎之／河野達郎（株式会社おおず街なか再生館）

参考文献

『愛媛県史 近世上、下、近代上、下』愛媛県史編纂委員会
『大洲城天守閣復元事業報告書』大洲市商工観光課
増補改訂『大洲市誌上巻・下巻』大洲市誌編纂会
『瀬戸内の島々の生活文化』愛媛県生涯学習センター
『図説日本の歴史3 図説岩手県の歴史』責任編者 細井計 河出書房新社
『岩手県史第六巻 近代篇1』岩手県 「武田敬孝 略年譜」桜井久次郎
『幕末維新・四国各藩の動向と選択―戊辰戦争を振り返る』山崎善啓
『江戸時代の設計者―異能の武将・藤堂高虎』藤田達生 講談社現代新書
『シリーズ藩物語 大洲藩新谷藩』芳我明彦 現代書館
研究紀要第7号「明治期における廃城の変遷と地域動向―愛媛県内の城郭・陣屋を例として」平井誠 愛媛県歴史文化博物館
『愛媛の先覚者2 科学技術の先駆者 武田成章・三瀬周三・前原巧山』愛媛県文化財保護協会
図録「海道をゆく 江戸時代の瀬戸内海」愛媛県歴史文化博物館
図録「伊予の城めぐり」愛媛県歴史文化博物館
図録「加藤家の名宝」大洲市立博物館
図録「高虎と嘉明―転換期の伊予と両雄」愛媛県歴史文化博物館
図録「大大洲城 よみがえる大洲城 市制施行五〇周年記念」大洲市立博物館
図録「伊予の蘭学―近代科学の夜明け」愛媛県歴史文化博物館
特別展図録『三瀬諸淵―シーボルト最後の門人』愛媛県歴史文化博物館
『レンズが撮らえた幕末日本の城』小沢健志・三浦正幸監修 山川出版社
「温古復刊第36号」大洲史談会発行より「大洲下井家四〇〇年の想い出」下井洋一
『高島嘉右衛門 横浜政商の実業史』松田裕之 日本経済評論社
『儒者姜沆と日本』辛基秀・村上恒夫著 明石書店
『学校を掘る―愛媛県立大洲高等学校の歴史と文化』澄田恭一著
『名将言行録』岡谷繁実著 岩波文庫 『渡邊推庵遺像裏書』南部晋編 国立国会図書館
『近世大洲城の成立』宮尾克彦著（温故 掲載） 『北藤録』伊予史談会
『大洲藩新谷藩の武芸』（『愛媛の文化』）森本定満著 『内子町誌』内子町誌編纂会 内子町
『肱川 人と暮らし』横山昭市著 愛媛県文化振興財団
『いろは丸事件と竜馬―史実と伝説のはざま』鈴木邦裕著 海文堂出版
『坂本龍馬いろは丸事件の謎を解く』森本繁著 新人物往来社 『坂本龍馬』池田敬正著 中公新書
『坂本龍馬』飛鳥井雅道著 講談社学術文庫 『豊川渉の思出之記』望月宏・篠原友恵編 創風社出版
『いろは丸航海てん末記』堀井恭弌編 伊豫市教育委員会
『今治城の謎』土井中照著 メイドインしまなみ事務局 『大洲歴史探訪』土井中照著 アトラス出版
『肱川からの贈り物 ふるさと大洲 歴史物語』大洲市教育委員会
「復元 大洲城―平成の城普請を探る」大洲市
『水郷の数寄屋 臥龍山荘』『大洲黎明の禅寺 如法寺』大洲市

大洲《おおず》城下《しろした》物語《ものがたり》

平成三十一年（二〇一九）三月一日
初版第一刷発行
発行／愛媛県大洲市
〒七九五-八六〇一
愛媛県大洲市大洲六九〇番地一
☎〇八九三-二四-二一一一
企画・編集／株式会社エス・ピー・シー
取材・執筆／中村英利子
土井中照
撮影／国貞誠
河野達郎
ヤマト空撮（表紙：ドローン撮影）
監修／三重大学教育学部・
大学院地域イノベーション学研究科教授
日本史学担当・学術博士 藤田達生
印刷／セキ株式会社

※書店にてお買い上げの、落丁、乱丁本はお取り替えいたしますので、お手数ですが左記までご連絡ください。
株式会社エス・ピー・シー 販売・流通
☎〇八九-九三四-七二七一
※定価はカバーに表示してあります。